引爆流量

林超 著

中国宇航出版社

·北京·

版权所有　侵权必究

图书在版编目（CIP）数据

引爆流量 / 林超著. -- 北京 : 中国宇航出版社, 2017.10
ISBN 978-7-5159-1363-6

Ⅰ. ①引… Ⅱ. ①林… Ⅲ. ①网络营销 Ⅳ. ①F713.365.2

中国版本图书馆CIP数据核字(2017)第176003号

特约策划 肖胜萍　沈　超
责任编辑 吴媛媛　　**装帧设计** 宇星文化

出　版
发　行 **中国宇航出版社**
社　址 北京市阜成路8号　　**邮　编** 100830
(010)60286808　　(010)68768548
网　址 www.caphbook.com
经　销 新华书店
发行部 (010)60286888　　(010)68371900
(010)60286887　　(010)60286804(传真)
零售店 读者服务部
(010)68371105
承　印 三河市君旺印务有限公司
版　次 2017年10月第1版　　2017年10月第1次印刷
规　格 710×1000　　**开　本** 1/16
印　张 14.25　　**字　数** 142千字
书　号 ISBN 978-7-5159-1363-6
定　价 49.00元

本书如有印装质量问题，可与发行部联系调换

PREFACE 推荐序

20年前，如果你想推广一款IT产品，只要在中国大饭店开个新闻发布会，在《北京青年报》包整版报道，然后在《计算机世界》配合打几版广告，前后费用总计不超过20万元，基本就能做到家喻户晓。如果你的产品过硬，这点宣传投入足以引爆行业，当时的几大行业巨头一般都是这么一步步崛起的，包括后来的几家著名的互联网公司。

2000年以后，中国进入互联网时代，媒体格局自此发生了翻天覆地的变化——靠20万元捧红一款产品的时代一去不复返。当然，如果预算充足，弄个百万级别的宣传，配合邀请超级明星代言，覆盖三大门户网站，选天涯、猫扑这样的社区媒体做互动补充，再佐以个别杂志或报纸进行定调式的深入报道，即使相对平庸的产品还是有机会占领整个市场的，那个时代的许多游戏公司和后来的多数电商企业走的都是这条成功路径。

毫不讳言，一些公共关系能力超强的操盘手仍然能够少投入，靠“事件”点燃产品，比如陌陌。如果产品品质无可置疑，还有个“超级富爸爸”，那么自然会看到它的爆炸式增长和病毒式传播，比如微信。除此之外，最主流的传播方式还是靠明星的跨媒体影响力，做到核心媒体的覆盖和分众人群的到达，从而达成传播的目标。

2010年，社交媒体迅猛崛起，打破了传统的造星模式，多元化的娱乐内容和娱乐方式严重分散了人们的注意力。此时，如果还想靠单一事件、个别明星和所谓的主流媒体持续报道操控用户的眼球，已经变得不太现实。其间还相对靠谱的投放机会似乎只剩下搜索。

然而好景不长，搜索的价值很快就被粗暴无序的竞价排名严重透支，移动互联网时代的到来也使其入口价值大打折扣。混乱和无助是大多数有商业化需求的品牌商的共同认知。大量广告代理和服务咨询公司在这种商业土壤中滋生蔓延、野蛮生长，成为投放市场和客户间的桥梁。在撑大了市场的同时，它们也获得了巨大的现金流，但鲜有案例能说明它们的实际价值。

2015年开始，以在线秀场模式为前期引导的直播行业爆发了，它加剧了本已严重无序的媒体市场的混乱，其根源是一个巨大的媒体层次——网红。本质上，网红瓦解了人们早已熟悉的、一线娱乐明星吸引了市场上浓度最高的注意力的事实，进一步碎片化和扰乱话题和关注度，甚至一定程度上改变了媒体。

我们预计，在未来三年内，中国的网红规模将达到2 000万，届时由网红所带来的娱乐消费时间将至少占据社会总娱乐时间的60%，行业将迎来更大的拐点。大乱必有大治，拐点的背后势必蕴藏着巨大的可开发商业机会，需要行业从业者和需求方摒弃传统经验，尊重市场现状，科学地善加利用新的形势和技术挖掘这个宝藏。

作为行业的先行者，六间房早在2007年就开始尝试视频直播商业化，做了梅赛德斯－奔驰发布会和英特尔迅驰发布会的直播，并在10年前就已觉察婚礼也是一场发布会，成功地尝试了婚礼直播。2008年由六间房开创的游戏直播也为公司渡过金融危机中的财务难关提供了强有力的支撑。这些早期的直播商业化项目都是由林超团队主导并付诸实施。算上后来六间房从视频分享到秀场直播转型，乃至到今天的石榴移动直播，林超都是核心参与者，他的经历在行业内无可替代。

林超早年任职新浪，也是中国第一批互联网广告商业化的经历者，我认为今天他能够把自己10多年来的经验和思考整理成书，无疑对行业是一个重要贡献。互联网的变化一日千里，希望他的这本书可以在互联网的发展长河中为后来者砌起一级台阶，为有直播商业化需求的广大用户和商家起到积极的启发作用。

与林超及行业同人共勉！

六间房创始人　刘岩

PREFACE 前言

从2016年这个被称为“网络直播元年”的时点开始，这场由前置摄像头所引发的自拍狂潮愈演愈烈，不经意间已经把每个社会个体带入一个价值得以重塑的伟大时代。这不仅是个人的机会，更是企业的机会。

在我10年前初入职六间房时，六间房的定位还只是一个视频分享站，是个记录和分享的平台，那时六间房的志愿是要成为中国的YouTube。事实上，不仅六间房，同期的土豆、优酷、酷六也都怀着同样的梦想。世事难料，仅仅一年之后，这些当初都以YouTube为目标的网站都做成了电影站，在买版权、烧带宽两座大山的重压下，六间房选择了另辟蹊径——转型视频直播。此时的六间房同样没有预料到，短短几年后，直播行业便迎来了全面爆发。

“网红总裁”雷军通过bilibili直播平台直播小米无人机发布会，一夜之间便狂揽100万粉丝；巴黎欧莱雅通过美拍直播戛纳国际电影节，该品牌李宇春同款色号的唇膏在其天猫旗舰店被一抢而空；良品铺子携手“华妃娘娘”蒋欣在镜头前分享零食心得，“双十一”前后一举刷新该品牌销售纪录；淘宝直接将“造物节”搬到了自家的直播平台……直播营销这种别开生面的营销方式以燎原之势引燃全网。

无论是在六间房、YY LIVE、花椒直播、斗鱼等传统秀场直播平台上时常出现的企业面孔，还是淘宝直播、微吼直播、展视互动、云犀直播等企业直播平台的崛起，企业营销人员都深刻地意识到：直播是企业精准、直接、低成本获取用户的有力武器。

直播自面世便具有平民性，帮助形态各异的企业通过相对公平的方式展示自我。在直播平台上，企业既不用担心自己的消息渠道是否灵通，也不用惧怕竞争对手的恶意抹黑，唯一需要担心的是自己有没有灵敏的商业嗅觉和勇于尝试的魄力。

无论是国有品牌还是民营品牌，不管是实业巨头还是互联网“独角兽”，任何有志于开拓营销渠道、想快速获客的企业都可以在直播这个公开又广阔的平台上大展拳脚。对那些还在为如何提高品牌知名度、扩大用户群而苦苦思考的企业家来说，假如十年前因为实力不足错过了电视营销，或是五年前受眼界所限错过了微信营销，那么请不要再为已经打翻的牛奶而灰心丧气，更不用为主客观因素的短板而怨天尤人，因为直播营销的浪潮已经袭来。

与传统的营销模式相比，企业开展直播营销主要有以下三个明显的优势。

精准。直播的宣传方式具有极强的灵活性，宣传的内容既可以覆盖到普罗大众，又可以针对特定的目标人群，这是传统营销方式难以企及的。同时，直播营销的宣传内容能够随着社会热点的变化及时调整。精准的宣传避免了以往“广撒网”式的盲目，提高了营销的效率。

直接。与传统的文字、图片等宣传方式不同，直播营销将视觉和听觉两种体验形式有机地结合在一起，因此在进行对外传播时更直观、更形象，潜在的消费者可以通过鲜活灵动的画面直接感受到产品的卖点和企业的诚意。同时，因为观众能够在直播平台上直接和企业沟通，所以极大地缩短了产品和消费者的距离，这样一来不仅让观众感受到企业亲民的姿态，而且更容易接受企业的产品，还将传统营销的单向输出变为双向互动，避免了企业在营销过程中“唱独角戏”的尴尬。

获客成本低。从 PC 端到移动端的大迁徙，让一大批企业搭乘流量快车迅速崛起。而今，新的流量垄断格局形成，众多企业为了导流不得不血拼价格。越来越高的获客成本成为企业不堪承受的重负。目前，直播正处于高速发展阶段，垄断格局尚未形成，企业还有很多低成本获取流量的机会。同时直播本身具有的草根属性使得企业在进行直播营销的过程中不必花费巨额资金聘请明星代言，有必要的话，公司老总、员工甚至消费者自己做主播都完全可行。

记得2016年去硅谷游学，同期的同学多是传统领域事业有成的企业家，问及为何会来硅谷，答案出奇的相似：为了能和互联网结合，更好地利用处在风口上的直播行业。正是这次游学的经历，让我萌生了写书的想法。古人云：读书破万卷，下笔如有神。做为一名从业十六载的互联网人，从事营销工作面对的多是“听”“说”“看”。虽未读万卷书，但阅人无数，临近四十不惑，想把在视频直播领域“听”和“看”的事分享给大家。希望通过此书，能够让更多从事互联网或准备拥抱互联网的人和企业对直播场景有更为准确的认识和应用。正如《周易·革卦》中所说“君子豹变，其文蔚也”，不论人或企业都应当随着时代的演进，持续革新。

每一波潮汐都是大自然有形的呼吸，在潮起潮落间，或许就孕育了一场生命的躁动，完成一次历史的跨越。直播就是这样一波潮汐，是一次流量再分配、利益格局重划分的机会。要想“弄潮儿向涛头立，手把红旗旗不湿”，你不仅需要有才智，还需要具备洞察力、行动力。我愿意为每一位在互联网创业道路上摸索前行的人擂鼓壮行！

林　超

2017年3月

CONTENTS 目录

第三章 旅游 + 直播：世界那么大，你可以去看看

第四章 电商 + 直播：眼见为实，转化直接

第五章　金融 + 直播：与一线专家互动，感受投资的魅力

第六章　餐饮 + 直播：看得见，吃得更放心

第七章　教育 + 直播：打破时空界限，让名师成为你的私人教师

第八章　电竞 + 直播：新的传播方式带来新的盈利模式

第一章

直播红利：企业低成本获客时代来临

在营销为王的时代，高昂的获客成本一直是困扰企业的一大难题：从烧钱抢人大战到斥巨资请明星代言，再到节日促销，传统“血本营销”方式使企业承受巨大的经济压力。近年兴起的直播营销凭借成本低、转化率高等优势，迅速成为各大企业争夺的战场。无直播，不营销，直播营销的出现拉开了企业低成本获客时代的帷幕。

一浪高过一浪的直播热潮

只要你上网，总能看到大量关于网络直播的新闻，比如“××女主播月入×万”“××主播直播吃虫子”“××平台因直播内容不合规而被封”。直播早已走进人们的生活，成为街谈巷议的话题。相关数据显示，自2016年5月起平均每3个小时网上就有一款新的直播软件上线。那么，在纷纭杂沓的内容背后，我们又应该怎样看待直播呢？

网络直播早已不再是大众眼中的陌生事物，但是学术界、互联网界都还没能简洁又准确地定义网络直播。在此，我们可以参考新闻传播理论及传统电视直播的概念简单地定义网络直播：网络直播是指通过互联网展示的、具备双向流通性、传播过程和实际过程同时进行的事件发布方式。

直播不仅成就了个体，还吸引了企业的参与。例如，苹果手机发布会、小米手机发布会、淘宝光棍节嘉年华等众多盛事都采用了网络直播。网络直播已成为产品营销的利器，企业直播营销可谓大势所趋。

事实上，企业直播营销并不是新鲜事物，早在2008年北京国际汽车展览会期间，六间房就曾和德国梅赛德斯 – 奔驰汽车搭展团队一起策划完成了一场 2008 北京国际车展奔驰专题直播，从此正式开启了中国商业直播的大门。

该活动围绕奔驰现场发布会的进程以及和官方沟通的主题拍摄制作了多个现场短视频，同步上传视频到相应的专题，并每天及时更新直播内容，通过视频互动直播手段把现场体验者活跃、真实、生动的场景第一时间传递给全球潜在消费人群。展会直播包含了《品牌展会揭幕》《高端访问》《奔驰品牌文化探访》《新车发布》《我为车狂》等多个剪辑短片，不断在展会期间带动奔驰品牌的收看热潮。据相关统计显示，4 天展会期间，每天 6 小时的直播，同时观看人数达到 60 万。

除了奔驰车展的直播工作，在主题为“梦想 · 和谐 · 新境界”的 2008 北京国际车展期间，六间房还推出了“视频看车展”网络专区，以直播和录播为手段呈现精彩的车展视频大餐，观众们可以不受地域和交通的限制，足不出户、点点鼠标即如身临其境，将天下名车尽收眼底，因此受到广大网民的热烈追捧。在这为期 15 天的车展视频专区，六间房共播出节目 1 829 个，节目播放次数累计高达 6 148 万次，全国近 500 万人观赏了六间房的“网上车展”。

2011 年，六间房将创新直播运用到明星演唱会——《唱聊秀》，通过针对明星粉丝的互动直播，实现和粉丝跨越时空的互动，实现粉丝的商业转化，并率先提出粉丝经济概念。该网络演唱会系六间房和环球音乐、台湾福茂等公司以及张含韵、郝云等知名艺人展开合作，活动的网络系统开发、演出场地舞美、搭建以及直播拍摄执行等环节都由六间房各部门参与支持。

为了提升直播观众的现场观看空间感，六间房通过技术手段进行观众分级，例如，VIP 可以把头像放在播放器界面下一排位置，同时套餐有跑车、鲜花等礼物道具；二级用户可以在公屏聊天弹幕；三级用户只能观看不能发言。所有粉丝凭密码观看。同时六间房与团购网站合作，实现全网的宣传和售票，明星也通过微博、官网以及各地后援会宣传本次网络演唱会，提前售票。其中，张含韵 VIP 票一周售罄。该直播吸引了 5 万人同时在线观看，并有效实现了粉丝礼物的商业转化。这次跨界直播合作是对直播营销的又一次创新尝试。

结合当前中国国内经济社会呈现的态势，企业直播营销的优势愈加明显。

大大提升了转化率。直播的强互动性是其备受观众喜爱的重要原因之一。企业采用直播营销方式进行宣传，可以在较短时间内吸引大量观众，观众在观看过程中与企业宣传方实时互动，不断增强对企业和产品的了解，甚至可以在观看直播的过程中直接完成交易。比如淘宝直播，观众边观看边直接根据主播提供的链接下单购买，这大大提升了转化率，增强了企业的宣传效果。

容易取得观众信任。直播本身具有实时性和真实性，通常观众在直播中看到的都是最真实的场景，难以弄虚作假。该特点应用到企业直播营销上也具有同样的效果，企业可以利用直播真实地展示产品，这样更容易取得观众的信任，进而产生依赖感。特别是那些对安全性敏感度较高的产业，比如食品业，企业可以通过直播方式将产品制作和运输的过程“公开化”，观众看到食物的整个生产加工过程，从而消除其对食品安全的担忧。

降低了企业营销成本。企业网络直播晚会、发布会之类的活动，一般需要专业的广电设备和人员，但配备成本并不高，摄像机、无线麦克风等设备的租金不高，比如一台索尼 HXR-NX5R 或者 PXW-FS5 摄像机的租金约为每天 300 元、无线麦克风 UWP-D11 的租金约为每天 50 元。

总之，相较于电视、报刊广告等传统营销方式，直播的投入产出率更高。相信在不远的将来，会有更多的企业通过直播来做宣传与推广。

事实上，从网络直播走进公众视野那一刻起，就一直饱受争议。有人说它是大有可为的朝阳产业，也有人说它是行将破灭的资本泡沫；有人说它释放了普通人被压抑许久的天性，也有人说它放大了现实社会人性的丑恶；有人说它为普通人搭建了既能成名又能赚钱的舞台，也有人说它为不愿吃苦的年轻人设下了外表光鲜、内在残酷的陷阱……凡此种种，不一而足。其实，信口开河只会妨碍我们正确看待直播，只有经过理性分析和正确认知，才能把握方兴未艾的直播行业的内涵。

重塑流量入口和转化手段

2016年中国的网络直播行业呈现井喷式发展，越来越多的垂直领域互联网公司意识到直播是流量攫取与变现的极好方式。淘宝、新浪、京东等巨头纷纷布局直播市场正是基于这个发现。

直播营销对流量入口的影响

2016 年，对高清晰度依赖较强的游戏直播在直播带宽中占比最大，但秀场直播是最大的黑马，其带宽占比从 2.9% 提升至 16%，可谓异军突起。此外，之前带宽占比一直偏低的媒体直播，借助8月巴西里约奥运会的热点得以实现带宽占比的增长。同时，2016 年其他类型直播的带宽占比增长态势也很明显，包括逐渐成为热点的旅行直播、电商直播等专门领域的直播。

一直以来以打赏为主要盈利模式的各大直播平台已经不再满足于单一的商业模式，越来越多的盈利模式开始在各类直播平台上崭露头角，各市场主体纷纷通过直播这个流量入口和更多的产业对接。我们应当清楚地意识到，直播将成为各个行业的标配，它们未来都可能基于宣传与推广的需求将部分资源投入直播领域。

截止到 2016 年年底，中国大陆在线直播平台的数量已经超过 200 家，网络直播的市场总量已达 250 亿元，网络直播平台用户数量突破3亿，各大直播平台每天高峰时段同时在线人数超过400万，同时进行直播的直播间数量超过3 000个。2016年，特别是2016年下半年，国内直播行业进入迅猛发展阶段，巨额资金为直播产业加持，从六间房、映客直播、斗鱼到花椒直播、虎牙直播，直播平台如雨后春笋般涌现。除去传统的视频直播平台，电商和社交媒体也纷纷投身直播行业。

这其中最引人关注的就是淘宝直播。直播营销已经毫无争议地成为新的流量入口，淘宝作为巨型电商平台一定会参与其中，不可能任凭流量红利被站外的直播平台分食。淘宝直播刚刚上线，大批商家就争相尝试，大家都想通过新的营销途径推广自己的商品和品牌。

例如2016年5月演员柳岩在淘宝直播平台首次亮相（见图1-1）。据统计，到直播结束时，共吸引11万余名粉丝观看，而她自己也收获颇丰：核桃售出2万多件，太阳镜和面膜售出2 000多件，单价1 000多元的手链售出50多条。

图1-1　柳岩在进行自己的首次电商直播

与以往的流量入口相比，直播营销展示出了强大的竞争力。一些大型视频网站曾经尝试在播放视频的同时加入购买信息来经营电商，但效果并不理想。直播与电商却很契合，淘宝直播取得的成绩有目共睹。互联网中的生意历来都是流量为先、内容为王，商家得到多少流量就意味着能得到多少利益。之前，这些流量被牢牢把控在 BAT 等大平台手中，商家需要支付不菲的价格购买流量。现在不同了，直播绕过了“收费站”，成为一个个流量入口。

在电商流量获得成本越来越高的大背景下，直播作为一种自带快速引流属性的载体，利用网红以及新颖别致的直播内容，可以帮助互联网商家以较低的成本获取更多高品质的流量。

例如，京东直播上线之初，邀请罗永浩做了一场直播，当时的观看人次突破 10 万，其中通过站外分享引入的流量占比已接近半数，与交易有关的点击率更是达到了近 140%，直播中可挖掘的消费潜力从中可见一斑。所以这场直播也初步显示出直播的吸流效应。

直播类似于过去的电视节目，属于陪伴式娱乐，观众的依存度较高。在不远的将来，直播与各种业态之间的相互交融会是一种常态化的趋势。一方面，直播平台必须通过强化和其他业态的融合，才能持续更新内容，丰富观众的体验；另一方面，其他行业也需要利用直播这一平台，增强用户的体验、拓展销售渠道，从而使其商业模式尽快变现。

直播营销对转化手段的影响

在传播形式方面，直播营销改变了原有的信息流传方式和社交体验方式，直播是相较于图片、文字更为直观的传播途径。在内容方面，网络直播打破了既有的生产与消费的衔接形式，这意味着内容制造者无须通过中间媒介即可将新鲜资讯第一时间传递给受众。在变现方面，依靠方便快捷的互联网支付方式，观众的打赏和购买行为可以快速完成，这样就能为直播平台以及互联网商家带来稳定的现金流。

值得关注的是，目前国内的消费群体结构发生了明显的变化，消费的主力人群 70 后、80 后逐渐被 90 后甚至 95 后取代，以品牌和店铺为载体的传统电商的吸引力大幅下降，取而代之的是个性化的主播导购模式。从 2015 年年底就开始逐渐火爆的直播模式恰好踩准新一代消费者的消费需求。

要将直播和企业营销有效地融合在一起，首先要找到二者之间的相通之处。企业营销需要的是人气，那就通过直播吸引更多的人；产品要卖出去，那就通过直播销售更多的产品。我们以电商的直播营销为例，从引流和转化两个角度考虑，对直播与企业营销的结合进行一番梳理（见图 1–2）。

目标明确型用户：搜索。目标明确型用户有清晰的购买诉求，例如，我要买小米手机，路径就是搜索后查看产品介绍。直播在这里所起的作用就好比一个真人说明书，能帮助观众感性地获得全面的产品信息，帮助受众决策。

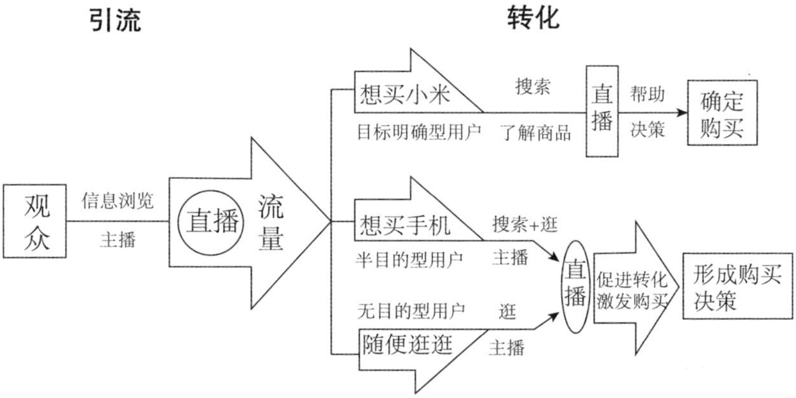

图 1-2 网络直播中引流和转化的关系

半目的型用户：搜索 + 逛。半目的型用户购买意图模糊，例如，我要买手机，但是不确定要买哪款，路径就是搜索 + 逛，先尽可能地搜集更多的相关信息，将购买目标清晰化。直播在这里所起的作用就好比一名导购，经过主播的讲解和推荐，促进更多的转化。

无目的型用户：逛。无目的型用户并无既定的购买目标，仅仅是随便逛逛，看到有趣的内容会进来看看，例如，看到某网红正在直播，或某品牌的产品宣发会，会选择进入。直播在这里所起的作用就是激发观众的购买欲，最终完成购买。

从目前的转化率来看，直播的变现效率还是值得称道的。以淘宝直播为例，目前淘宝直播的点击总量能达到观众的半数，而成交量可以达到点击总量的 1.5%。也就是说，假如有 4 万人看淘宝直播，就会有 2 万人点击产品链接，最终可以产生 300

笔订单。因此，从直播对流量入口以及转化手段的重塑方面来看，未来，企业直播营销大有可为。

精耕垂直细分市场

从直播行业的内部结构看，当今的直播市场也在悄然变化。一方面，泛娱乐直播仍然以 44% 的市场份额占据着直播市场的主流地位，这说明资本市场依然看好泛娱乐直播；另一方面，市场中绝大多数直播平台无论在形式还是内容方面都极其雷同，观众已经感到审美疲劳。

当直播平台和主播都“长成一张脸”时，泛娱乐直播就已触及天花板，因此转战垂直细分市场势在必行。未来各大直播平台必将从传统的秀场向专业化领域演进，现在已有一些直播平台对旅游、财经、美妆、医疗、体育等垂直领域的自媒体开放了直播权限。

另外，直播平台通过与更多的行业跨界合作，融入了更多的产业，多元化的业务能为平台未来的发展创造更多的机会。

2015 年 8 月，六间房上线了一个全新的频道——六现场，该频道主要面向有一定特色的行业，采用专题栏目形式，在电视栏目制作中融入了在线互动模块，表现形式丰富有趣，直播界面简洁，具有栏目形态，内容多样化更精细，涉及《综艺娱乐》《萌宠手工》《美食书画》《体育健身》以及教学传授技艺等多个栏目类型标签，其中厨房用品、宠物、艺术、沙画签名等栏目受到了众多观众的追捧（见图 1–3）。

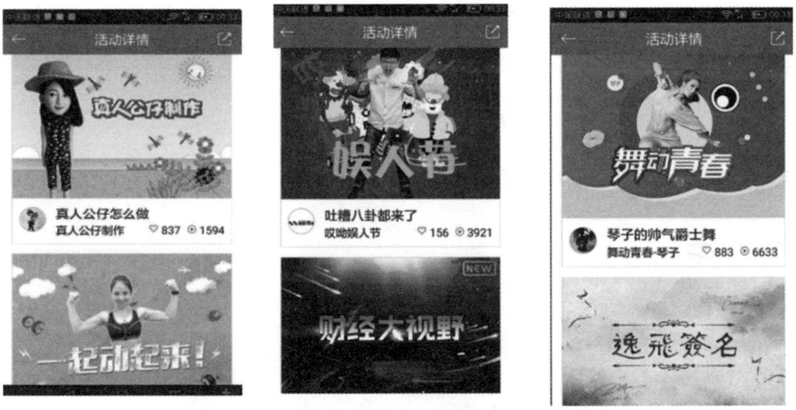

图 1-3　垂直细分领域专业直播的后发优势

在直播的过程中，六间房同时启动了站内站外推广资源大力推荐直播栏目，实现大流量精准推广。对于那些质量较好、人气高的栏目，六间房还会再做剪辑短视频并通过各合作渠道做全媒体二次推广。直播方和观众在节目的直播过程中形成了高效的即时互动，粉丝送礼物的功能有效调动了观众参与互动的积极性，实现了礼物的即时利益转化。此外，除了获取用户送出的虚拟道具打赏之外，合作企业还通过直播形成了在线订单销售，有效实现了品牌栏目产品植入、销售以及授课多种商业转化。

由于六现场的内容划分细致，每个直播栏目的用户定位都比较明确，所以直播时吸引的观众大多属于企业的精准客户，栏目合作方通过和六现场直播合作，实现了粉丝的有效积累。

作为中国直播平台的先行者，六间房对旗下的众多平台的运营模式做出了很多大胆的创新，这些创新具有很大的借鉴价值。

从六间房的例子中我们可以看出，垂直细分领域的专业直播在运营方面有着和常见的秀场直播相异的后发优势和发展逻辑（见图 1–4）。

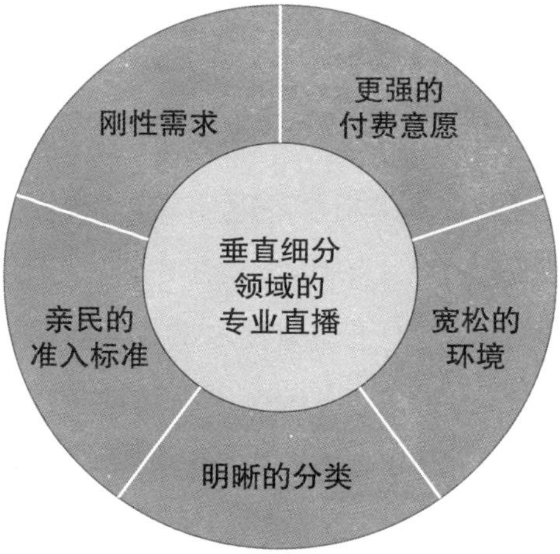

图 1–4 垂直细分领域专业直播的后发优势

刚性需求。一部分观众对垂直领域的直播有刚性需求。虽然这部分观众数量有限，但是这种对专业知识和经验的真实需求已经在知乎、豆瓣等专业分享平台得到了验证。而垂直细分领域的专业直播不管是在发布的即时性方面，还是在变现效率方面都远超网页、语音等形式。

更强的付费意愿。垂直细分领域直播的观众一般都具有高净值、高学历的特点，这类观众具备较强的消费能力与付费意愿，因此专业直播的商业价值远超普通秀场直播。

宽松的环境。垂直细分领域的直播由于刚刚起步，竞争相对温和，这给相关直播平台提供了更大的磨合与试错空间。以微吼直播、企鹅直播为代表的垂直细分领域直播平台和泛娱乐直播平台并不构成直接正面的竞争，也无须大量导流。一旦摸索出科学的商业模式和变现方式，它们就可以在未来的平台整合浪潮中脱颖而出。

明晰的分类。垂直细分领域直播的观众都有专业性的观看需求，在细分市场中，直播平台可以针对不同的观众群体制作不同的直播内容。特色鲜明的直播内容和定位准确的市场不仅有利于直播平台的定位，而且减轻了后台的管理负担。

亲民的准入标准。普通人想在泛娱乐明星网红直播上闯出名堂需要面对很高的门槛，这个门槛包括对主播容貌、身材、才艺、包装等方方面面的多重要求。而垂直细分领域的直播彻底拆除了这些门槛，只要你是某个细分领域的高手，只要你能为这个细分领域的同行提供有价值的专业体验，你也可以成为直播明星，并不需要满足形象、资历背景等方面的要求。可以说，在垂直细分领域，民间达人取得成功更为轻松容易。

垂直细分领域的专业直播颠覆了传统泛娱乐直播的“主播 + 观众”模式。当直播平台上的主角从千人一面的网红变成了在各专业领域具有影响力、号召力的行业达人，用户将会因得到有效信息而越发信任和依赖直播平台。同时，直播技术的发展也为更专业、更细化的直播形式提供了保障。

直播行业实现新一轮发展的契机必然出现在越来越细化的市场，那些不深耕垂直细分市场、只浮于秀场直播形式的直播平台未来的发展空间必然愈加逼仄。

企业进行直播营销的步骤

一般而言，不管是大品牌还是小商家，做直播营销时都要经历以下几个步骤。

准确定位用户。首先搞清楚直播的受众是谁，是向普罗大众宣传，还是针对特定群体推广，这一点必须明确。营销的前提是企业深刻理解客户需求和自身所能提供的产品，企业认清直播的受众，才能做到有的放矢。直播的受众是哪些人、他们对企业的产品可以接受到什么程度、他们需要哪方面的产品……凡是跟产品和用户有关的因素，企业都需要考虑并恰当地定位。我们既不能向一个耄耋之年的女性执着地推销剃须刀，也不能向一个未满 18 周岁的男孩喋喋不休地列举口红的好处，找到适合的用户是企业做好直播营销的关键。值得注意的是，国内直播的观众多为 18 ~ 35 岁的青年男性网民，这一人群的消费能力偏低，假如企业品牌本身定位比较高端（例如奢侈品品牌），或是品牌形象确定为成熟稳重路线（如房地产品牌），抑或是品牌自身存在道德争议（如烟酒品牌），那么对这些企业来说，是否利用直播营销应三思而后行。不论何种营销载体，只有营销手段与企业自身的特质相符，才能达到宣传企业形象的目的。

选择合适的直播平台。目前存在的直播平台纷繁复杂，知名的直播平台大多有自身独特的定位，企业可以根据这些直播平台的特质，寻找最适合自己的。

如果以经营键盘、鼠标等电脑周边产品为主，那么斗鱼可作为第一选择；如果需要推广衣服、化妆品等产品，那么淘宝直播、美拍直播再适合不过；如果想开展专业化的直播营销，那么微吼直播等专业营销直播平台是最佳选择。

此外，直播平台自身在观众心目中的形象也必须纳入考虑范围。目前，知名的直播平台发展比较规范，负面新闻较少，相对而言更适合企业做品牌营销。一些新平台、小平台虽然报价较低，但是直播中少不了一些“打擦边球”的内容，而这正是对外在形象要求极高的企业最忌讳的。

设计优秀的方案。完成上述步骤后，直播的关键就落在了最终执行的方案上，所以企业在方案设计方面要慎之又慎。在方案设计过程中不仅需要营销部门的参与，而且需要销售团队的加入，这样才会使最后的直播在营销效果和视觉呈现两方面都达到最优。

如果企业品牌自带强大的号召力，那么企业可以借鉴乔布斯、雷军等人的直播营销形式。如果企业品牌自身并无知名度，那么企业可以考虑请名人、美女助阵，这样就可以在吸引眼球的同时创出企业的名气。而对于一些较为“务虚”的服务业企业，在直播的选择上就自由得多，综艺节目、邀请知名主播助阵都值得一试。

有效反馈。企业直播营销的成败最终还是要看实际转化率，变现赚钱始终是企业的宗旨，因此无论在直播中还是在直播后，及时的反馈非常必要。同时，实时分析研判反馈数据还能持续修正企业在直播中的行动，在不断加强直播效果的同时，为今后的直播营销积累宝贵的经验。

与广播电视等传统营销手段不同，企业直播营销具有的时效性和无时差的特点早已为人所熟知，营销效果有目共睹。未来将会有越来越多的企业触网直播，这是直播发展到一定阶段的必然结果。上述几个步骤是企业进行直播营销的基本步骤，要获得理想的直播效果，还有赖于企业自身在实际操作中不断摸索和总结。

第二章

企业直播营销的场景革命

和传统营销手段相比，企业直播营销的核心优势在于打破了场景方面固有的藩篱，直播营销可以让品牌营销和名人、活动、商家甚至企业自己实现无缝对接。这种打破场景限制的“跨界营销”在今天追求个性和创意的市场环境中非常受用。因此，在直播营销掀起的这场场景革命中，各企业都应重视对企业、直播、场景三方的把握。只有这样，企业才能把握好营销模式创新的契机，让自己的品牌始终紧随时代。

场景一：直播 + 企业 + 明星

直播作为新兴的传播媒介，不同的主体可以在上面任意排列组合，当企业携手明星在直播间呼风唤雨时，在观众眼里企业无形中就拥有了明星的光环，明星的粉丝往往顺理成章地转化为企业的消费者。邀请明星在直播间为企业宣传，让观众在自己偶像的卖力宣传中更直观地认识品牌，继而下单，这何尝不是一种令人兴奋的全新模式。

明星因其自身的知名度，本身就带有流量，品牌若想提高试水直播的安全指数，让明星站台自然是首选。从各个明星直播的打赏总量与次数中，我们可以看出，粉丝能够为明星乃至背后的商家带来极高的收益，这是现今一般网红根本达不到的效果。

为什么企业要让明星在直播平台为自己宣传，在以下两个案例中，我们可以看出一些端倪。

在第 69 届戛纳国际电影节上，欧莱雅携手美拍直播同步进行了“零时差追戛纳”系列直播，邀请巩俐、李冰冰、李宇春等明星全程参与，最终这场明星直播创造了 311 万观看总数的

图 2-1　巩俐在戛纳国际电影节上进行美拍直播

直播纪录（见图 2–1）。这场直播盛宴引发的直接市场反应就是，李宇春同款色号的唇膏在欧莱雅天猫旗舰店直播结束 4 小时后即售罄。

从欧莱雅直播的案例中我们可以发现，直播对一个品牌而言具有超强的导流效应，能够完成效果营销。而对明星和网红来说，直播更是同粉丝沟通、让粉丝看到自己另一面的新方法。

无独有偶，良品铺子也曾借助同样方法为自己宣传造势。2016 年 10 月 28 日，良品铺子邀请演员蒋欣现场主持“良品铺子零食王国狂欢趴”，通过天猫直播全程直播这场宣传盛事。蒋欣对自己在天猫直播上的首秀自然毫不怠慢，先是向观众谈起了自己成长中和零食结下的不解之缘，随着直播渐入佳境，蒋欣热情地向观众展示自己特意摆放的花式零食拼盘，并邀请顶级大厨现场制作零食拼盘，最后还不忘向观众讲解科学的零食搭配法。

新颖的直播形式，福利多多的情节设置，再加上远近闻名的“华妃娘娘”的出境，让这场“零食盛宴”大获成功。直播持续火爆，甚至蒋欣下线停止直播后仍有许多热情的粉丝在线上积极发言。通过这场直播，观众不仅看到了自己喜爱的明星，更对良品铺子这个零食品牌的产品有了更全面的了解。

对良品铺子来说，请蒋欣做自己的“产品经理”，让她以网络直播的形式带领广大观众进行一场对企业产品的探秘之旅。可以将蒋欣的知名度和天猫直播自带的流量结合在一起，形成“1+1 ＞ 2”的效果，可谓事半功倍。

总的来看，与以往的明星代言方式相比，企业聘请明星进行直播宣传主要有三大优势。

聚拢人气。邀请网红在直播中为企业站台一般会有上千人围观，能吸引万人以上已属不易，而明星直播的观众来源更广，其中不仅有直播用户，而且有线下的粉丝，这就能为企业的直播拉来数十万同时在线的用户。因此和网红宣传相比，一场明星直播能带动的人气往往可以达到令人咋舌的程度。从以上两个明星直播的事例中，我们可以直观地感受到明星光环在直播中发挥的惊人效果。

快速打造企业知名度。在很长一段时间里，直播在人们的印象中都与低俗联系在一起，企业做直播也难免会留下“哗众取宠”之名。这种看法虽然有失偏颇，但部分企业在直播中的所作所为的确引起了观众的偏见。明星主播的出现能完美地化解这种尴尬，在直播过程中，观众会在潜意识里将明星的正面形象与对企业品牌的认知等同起来，这样能让原本不知名的品牌瞬间变得“高大上”起来。

借助明星增强观众对品牌的黏性。消费者消费产品的过程中，有一部分消费属于感性消费，而促使消费者产生感性消费心理的重要因素就是名人效应，尤其是明星。伴随直播和明星越来越深入的合作，借助“直播 + 明星”的力量已经成为产品宣传和营销变现的利器。明星自带的人气与企业产品衔接，最终能转化为用户对品牌的忠诚度和黏性。

实际上，直播平台孕育的粉丝经济和娱乐行业特有的情感消费正是很多企业孜孜以求而不得的理想消费模式。将来越来越多的品牌商可能会借助直播平台和明星的人气叠加效应促进观众的感性消费。

当下，越来越多的企业在直播平台试水明星直播。无论是观众熟知的金牌艺人，还是资历浅但关注度颇高的“小鲜肉”。当在粉丝心中略显神秘的明星离开镁光灯，通过直播与用户面对面为企业宣传时，就预示着企业的推广方式开始向产品营销的新领域挺进。按照著名的“长尾理论”来构想，以人气明星为代表的这部分“头部内容”，将成为企业在直播营销中争相占有的又一宝贵资源。

场景二：直播 + 企业 + 发布

企业以发布会的形式为自己的产品做推广早已有之，并不罕见，但目前大部分企业的产品发布会形式单一、内容缺乏创新，特别是少有与受众的有效互动，因而基本沦为走过场，鲜有为人称道的产品发布会，更谈不上借助产品发布会吸引众人眼球。

通过直播平台发布新产品，能打破现今绝大多数产品发布会沉闷的格局，不但能让观众对企业的发布会产生眼前一亮的感觉，还能让企业在与观众的互动中为新产品的后续宣传打开良好的局面。

2016 年 5 月 25 日，在小米无人机的发布会上，雷军并未选用过去一直沿用的国家会议中心等场地，而是在一间普通的办公室里进行了一场完全网络直播的新品发布会（见图 2–2）。

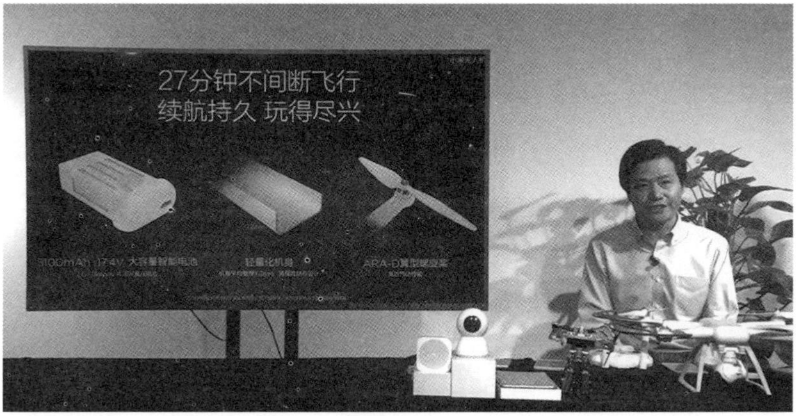

图 2–2　雷军直播发布小米无人机

当天晚上 7 点半，雷军上线，小米直播间同时在线人数从 10 万起不断攀升，直到发布会进入尾声时，10 多个直播平台同时在线的人数超过了 100 万。

直播过程中，雷军如同“网红”附体，段子频出，还要求观众送各种虚拟礼物。观众们在弹幕上纷纷吐槽雷军在“耍猴”，雷军说，小米无人机研发了两年半，模具开发了 104 套，仅模具就花费了 400 多万元，“所以真心恳请大家别觉得我们在耍猴”。

向来枯燥的新品发布会，通过直播变得妙趣横生。事后，雷军坦言：“直播真是一个激动人心的事情，其实我也是这么认为的。我自己就想成为网红。”他表示自己非常看好直播这种信息交互方式：“就像当年我们感觉 BBS 是不得了的创新，后来博客、微博的出现也使我们十分惊喜，直播一定会改变信息交互形式，因为通过这种方式没有什么是不能说的，也没有什么是说不清楚的。”

另一个值得一提的就是众泰的新车发布：2016 年 9 月 17 日，华磊众泰 4S 店举行了盛大的“你就是豪门 众泰 Z700 发布会”。主办方举办了品红酒、百万大抽奖等活动，并邀请国内知名企业直播平台对此次发布会进行了全程直播。活动不仅得到了到场的华磊众泰新老客户的热情响应，而且吸引了广大网友的关注。不少观众为华磊众泰新品发布会点赞，并纷纷表达了自己对众泰汽车的喜爱之情。

企业借助直播平台的专业能力直播产品发布会，与其他传统的产品发布形式相比，综合来看主要有五大优势。

成本低廉。就众泰新车发布会来讲，实际到场嘉宾只有100人左右，而在线观看人数超过了7万。假设本场发布会预算10万元，那么在亲临现场的每个人身上的平均花费就是1 000元，然而采用直播这种形式，实际上最终在每个观众身上的投入平均仅为1元多。花小钱办大事，这对于对成本一向敏感的企业来说，无疑是一笔极为划算的买卖。

打破时空限制。能够亲自到现场观看产品发布会的观众毕竟有限，而通过直播，企业能够让更多因种种原因不能来到发布会现场的观众同步了解产品详情和活动进展。即便当时因工作等原因错过了直播，观众也可以利用直播平台的回放功能观看发布会。这无疑可以帮助企业通过技术手段突破现实难题。

满足企业的个性化宣传需求。直播形式的灵活性能满足企业对产品发布形式的个性化需求。目前一些面向B端的第三方直播平台不但可以做到发布会直播过程高清、不卡顿、移动化，而且开通了网上支付等功能，观众在观看发布会直播的过程中可以随时下单，这无疑大大增强了企业发布会的变现能力。

扩大影响。直播将企业的发布会与网络联通，为企业影响力的扩散提供了多种渠道。例如企业的宣传推广人员可以将企业直播间的相关链接一键分享至自己的微信朋友圈、公司官网、品牌公众号、企业官微等处。想要了解发布会进展的观众只要点开链接就能同步观看，而且在观看过程中观众可以和会场人员实时互动，这就在无形中拓展了发布会的传播范围，使更多的人关注到企业的新产品。

提高企业对宣传效果评估的精准度。直播发布会对于企业的积极作用不仅体现在发布会进行过程中，在发布会结束后直播平台的作用仍然不可小觑。因为直播平台可以依据直播过程中掌握的大数据对企业的发布会呈现效果进行评估和分析，能帮助企业研判发布会的得失。直观的数据不但使过去看不见、摸不着的营销效果变得直观可读，而且有助于企业科学地制订后续的销售计划。

对于想要进行产品发布会直播的企业来说，需要特别注意的是，以往的新品发布会，主办方可以邀请媒体为自己进行间接的宣传和二次包装，而直播平台的发布会完全取决于人气。实际上并不是每个品牌都拥有雷军这样可以聚集人气的领导者，这就要求发布会直播具备一定的“话题性”。在魅族的一场新品发布会上，主办方就特意邀请了 23 位女主播造势，创造了品牌手机发布会网红直播人数最多的纪录，同时创造了关注点。

企业将产品发布会搬到直播平台，其意义不仅在于改变了发布会的传播路径，更重要的一点在于将发布会的沟通渠道直接打通。从此以后发布会将不再是企业单方的表现，而是观众和企业的多轮互动。当发布会由企业的“单口相声”变成企业、直播平台、观众三方的“群口相声”，企业的品牌和产品将得到更多的关注。

场景三：直播 + 企业 + 企业日常

作为中国新媒体产业的最前沿，从世纪之初的蹒跚学步到今天的高速发展，各大直播平台积累了大量的用户。而这些直播用户往往都是有一定购买力且富有娱乐精神的青年，他们通常是市场消费主体。就像人们看待素颜与化妆之间的关系一样，相较于包装华丽的宣传大片，年轻消费者似乎更关注企业平日里的表现。因此，在规模庞大的用户基础和传播效应的驱动下，直播不失为企业自我宣传的最佳窗口。

直播使企业可低成本、多维度地向大众推广品牌，提升知名度，以活泼的方式激发消费者的兴趣。从目前一些企业宣传自身日常经营的案例中，我们可以一睹直播对企业社会形象的塑造作用。

自雷军和周鸿祎等互联网巨头们率先加入直播、开企业日常直播先河后，实体经济的代表、房地产业巨头万达也不甘落后。2016 年年中，万达集团和花椒直播宣布开展深度战略合作，万达集团整体入驻花椒直播，开通专属万达的企业直播间，向观众全面展现万达的企业文化。通过直播，人们不仅可以看到万达的战略发布会，还可以一睹万达员工食堂和宿舍的真容（见图 2–3）。

不仅如此，作为万达领路人的王健林还率先垂范，多次通过直播向观众展示企业的方方面面。在万达的年会上，王健林

图 2-3　王健林在万达食堂用餐

在直播中以一首《西海情歌》征服了网民，被很多观众戏称为“灵魂歌手”。

万达和王健林通过直播，让许多观众看到了一个真实鲜活的万达集团。这种通过向观众展示企业真实自然的表现，继而宣传企业形象的行为在观众看来毫不做作，受众的接受度很高。

除了地产行业的万达，餐饮行业知名平台“饿了么”也做了类似的尝试。

2016 年 6 月 7 日，国内知名的在线外卖订餐平台“饿了么”的三位创始人张旭豪、康嘉、张雪峰进驻 YY LIVE。在 YY LIVE 上，三位创始人和观众亲密互动，不但和网友一起分享了企业初创时的青葱岁月，还做起了“导游”，带领观众参观“饿了么”公司总部，向观众全面展示这一“外卖帝国”的神秘内在。

在“饿了么”三位创始人通过 YY LIVE 带着观众参观公司总部的当晚，直播间吸引了几十万满怀好奇的网友，观众们通过弹幕、留言等方式纷纷表达了自己对“饿了么”的全新认识，为“饿了么”如此接地气的展示拍手叫好。

在康嘉看来，之所以选择直播作为企业首次向公众开放的宣传媒介，是因为“饿了么”是一家互联网 + 食品的企业，“饿了么”的目标人群就是爱吃爱玩的职场新人，这与直播平台的主要用户群高度契合。“饿了么”希望通过直播这一全新的社交方式，让大众印象中的“饿了么”品牌更亲民，让年轻人心目中的“饿了么”更为贴近自己的生活。事实证明，他们的目的达到了。

无独有偶，宝马 MINI 在为自己的新款车型做宣传时也选择了同样的方式。

2016 年 5 月，为宣传 MINI 新款车型，宝马 MINI 携手《时尚先生》杂志在映客直播上直播了 3 天时尚大片的拍摄过程。这场直播的主角是宝马 MINI 经过层层筛选后确定的四位男星——井柏然、杨祐宁、秦昊、阮经天。宝马 MINI 是第一个对拍摄片场开启视频直播的汽车品牌，四位高颜值男星俘获了一大批年轻受众。在直播过程中，共有 530 多万观众观看。

对于这次直播，宝马 MINI 官方给出的解释是：之所以要对拍摄片场进行视频直播，就在于宝马 MINI 的目标并不是要像以往的宣传模式那样简单地消费明星和话题，而是期望通过直播平台和观众一同打造全新的内容和价值。

直播的即时性使得它能在短时间内协助企业赢得观众的信任与好感，继而提高品牌的美誉度。在不远的将来，企业公关人员讨论如何塑造企业形象时，部门领导叮嘱下属的将不再是发朋友圈，而很可能是上直播。

实事求是地讲，六间房、花椒直播、YY LIVE、映客直播等新型网络直播平台的兴起并不意味着微博、微信等传统网络营销形式会走向终结。由于功能属性各异，在未来相当长的一段时间里，直播、微信、微博仍会延续并驾齐驱的态势，共同构成企业在品牌营销中最为倚重的 3 个宣传阵地。

可以想见，在雷军、王健林等企业家的示范引领作用下，未来会有更多的企业选择通过直播宣传企业的日常。无论是互联网公司还是实体企业，通过直播进行自我宣传可以说是未来企业品牌营销的一种趋势。不单单是年会，产品的生产环境、员工的工作状态等都可以经直播向观众展示，这种大胆凌厉的宣传方式就像 20 世纪 90 年代末的房地产市场，谁先做，谁就能抢占先机收获更高的品牌价值。

场景四：直播 + 企业 + 电商

电商在日常经营中始终需要解决的核心问题是：怎样将自己平台上的产品促销信息和优惠活动准确及时地传递给消费者

并转化为购买力？这时，在线直播就以其超高人气、超强互动性的特点成为电商平台向消费者宣传自己的首选。当互联网领域最为活跃同时也是最具发展潜力的两大商业模式强强联手，电商的营销模式无疑会发生更彻底的革新。

直播 + 企业 + 电商的组合必然会直接改变传统电商的营销模式，推动其从单纯卖产品向卖内容转型。如果电商能够剑走偏锋，融入一些创意，必将使直播营销起到事半功倍的效果。

聚划算携手六大化妆品品牌登陆 bilibili 直播

2016 年 6 月，聚划算携其平台六大化妆品品牌登陆 bilibili 直播，举办了一场“我就是爱妆”的角色扮演直播秀。在这场直播中，六名美女主播亲身体验了聚划算六大化妆品品牌商家提供的化妆品，在和观众分享自己角色扮演过程中的化妆心得时，还不忘向参与互动的观众赠送品牌礼包。整场直播吸引了数万观众热情参与，而聚划算平台上六大化妆品店铺的订单也同步暴增，成交总金额接近千万元。

聚划算的这场直播探索出了一种互动式消费的新玩法，成功完成了营销到成交的转化。

京东生鲜与斗鱼合作“龙虾激战之夜”

京东生鲜在 2016 年端午节假期与知名直播平台斗鱼合作的“龙虾激战之夜”网红直播，可以说是电商平台借助直播进行宣传促销的经典案例。

端午节期间，京东先是通过斗鱼平台举办了“直播烹饪大龙虾”的主播招募赛，3 日内吸引了超过 50 名主播参与比赛，这些主播通过唱歌、相声等多种形式向观众播报京东生鲜 618 的促销信息。

紧接着在 618 大促活动的前夕，京东又在斗鱼上举办了“龙虾激战之夜”活动（见图 2–4），其间斗鱼平台上的人气网红无尽、Dy 范童等 5 位直播达人分别在位于北京的 798 艺术区、望京、簋街等人气聚集地，在大排档、小吃铺等场所，全程直播麻辣小龙虾的制作过程。

图 2–4　京东“龙虾激战之夜”的微博宣传图

美食与美女的诱惑立即吸引了大量观众围观。在直播过程中，观赏人数累计达 500 万，其中个人同时网上观看人数最高时超过了 20 万。不仅如此，京东方面还在直播间内植入了更贴合实际场景和更多样的软性广告，例如京东二维码，网上购买链接等“即点即买”的购买引导，提升电商直播的变现速度。

这场直播在京东的“大丰收”中落幕，截至直播收工，京东生鲜的产品订单量已超往年同期 6 倍，实际销量更是达到了往年同期的 10 倍。

天天果园直播采樱桃

2016 年 6 月，天天果园首席执行官王伟在友加上全程直播了公司在美国樱桃园采摘 Ruby 樱桃的过程（见图 2–5）。

图 2–5　天天果园直播采摘 Ruby 樱桃

天天果园大费气力直播采摘的 Ruby 樱桃实际上是一种成活率很低的珍稀品种，目前世界上的 Ruby 樱桃仅产于美国的奇兰湖畔。因为品种罕见且产量极低，其种植家族对该樱桃的出口一向极为慎重。而以“水果猎人”著称的天天果园拥有 Ruby 樱桃在中国的独家销售权，足以证明其过人之处。Ruby

樱桃在清晨被果农采摘后，会经过一系列严苛的拣选，在一天半的时间内运抵中国国内。

王伟亲自直播采摘 Ruby 樱桃，使受众得以一睹这种稀有果品的真容，感受采摘过程的艰辛。天天果园则利用观众的猎奇心理和互动感强烈的直播形式，让原本高高在上的珍稀水果通过直播贴近年轻受众，打了一场漂亮的直播营销战役。

从上述三个堪称直播 + 企业 + 电商的经典营销案例中，我们可以发现电商平台通过直播平台进行产品宣传时获益多多。

首先，极具创意的网红电商 + 直播购物的组合为广大消费群体带来了“所见即所得”的直接消费体验。观众看到主播在挑选商品，就好像自己也置身于商场中。通过经验丰富的主播专业的介绍，更能激发消费者的购买欲。

其次，电商企业通过广告、公关与直播的营销组合，通过在场景中植入产品信息让网购变为直播内容的一部分，这样不仅可以缓解观众的抵触情绪，还能在耳濡目染中让观众接受电商的经营宗旨，这对提升品牌形象有很大的促进作用。

最后，直播 + 企业 + 电商的新尝试可以进一步加深直播平台在观众心中多元化直播的印象，为其最终成长为综合性直播平台增添筹码。

网上的生意和现实中的许多生意相似，只要做的人一多，再加上恶意无序的竞争，很快就会成为一片见者即逃的红海。

当越来越多的企业和个人加入浩浩荡荡的电商大军，一场电商营销的革命在所难免。直播 + 企业 + 电商的生态效应直接顺应了消费者的需求。毫无疑问，直播已经为电商找到了与大流量相对接的新入口。

场景五：直播 + 企业 + 活动

从来没有一种媒介形式像直播这样使企业、观众、营销、活动和交易连接得如此连贯。当直播能够附着在所有营销形式上时，企业通过直播活动宣传自己的品牌和产品就变为可能。企业将品牌活动搬上直播平台，可以瞬间激发受众的兴趣，同时还能进一步增强企业与消费者之间的感情沟通。实际上，在直播平台上对企业的宣传活动精耕细作非常符合企业的需求，直播必将成为企业获取在线用户流量的新来源。

现在直播的题材越来越广泛，不仅唱歌跳舞可以直播，甚至连吃饭睡觉也可以直播。对品牌而言也是如此，万事皆有可能，因此直播能够附着在所有可以引起观众兴趣的事情上，这也能带给直播营销更多样的可能性。下面我们就从企业直播品牌活动的经典案例中探讨一下直播 + 企业 + 活动对企业的积极影响。

2016 年 7 月举办的淘宝“造物节”就是将直播活动的效用发挥到极致的典型。当时除了现场的几万名观众外，坐拥每日 1.5 亿活跃用户的淘宝直播还进行了一场别开生面的直播大戏。在这场堪称“史无前例”的直播秀当中，淘宝方面不仅运用了无人机航拍、会场虚拟现实展示等先进科技，而且邀请了“名嘴”汪涵，发起了“天天兄弟”和“奇葩天团”现场真人秀对决（见图 2–6）。

图 2–6 《天天向上》和《奇葩说》主持团队在淘宝“造物节”上进行直播

此次淘宝造物节最值得关注的一点在于，在直播过程中，企业不仅为参与者提供了形式新颖的产品体验，而且邀请知名电视主持人手机直播企业的宣传活动，接地气的“名嘴”和观众一起“玩耍”成了活动的加分项，极强的话题性也是此次淘宝造物节直播成功的重要原因。

罗辑思维的读书会直播与淘宝的“造物节”直播有异曲同工之处。2016 年 4 月 23 日正值“世界读书日”，罗辑思维创始人罗振宇在优酷自频道社区开展了一次读书会直播。在这场书迷的盛宴中，罗振宇力邀王潮歌、罗永浩、马东、黄磊、吴晓波等名人助阵，请这些意见领袖为书迷朗读名篇、分享读书体会，并向观众推荐自己情有独钟的书籍。不仅如此，优酷官方还大力协助此次活动，不但在自己的平台做宣传，还携手天猫、淘宝全球放送这场在线读书会（见图 2–7）。

图 2–7 “世界读书日”读书会直播宣传图

此次读书会晚上 6 点准时开始，一直持续到次日凌晨，但观众对活动的热情始终未减，可见这次直播活动在书迷中的反响多么热烈。在读书会直播期间，罗辑思维天猫旗舰店的浏览量、销售额均实现了成倍提升，其中绝大多数买家是观看直播的网民。

罗辑思维在优酷上举办的读书会直播，不仅扩大了影响，还实实在在地为自己创造了经济收益。据悉，这次读书会在线直播的观看和回放均需付费——每名观看直播的用户需要事先在罗辑思维天猫旗舰店购买票价为 10 元的入场券。这意味着从观众观看读书会活动的一开始，罗辑思维就已经取得收益。而且，这场长达 5 个小时的直播活动直接打通了网络直播商业化的新渠道。在场的每一位大咖朗诵完书中的名篇之后，罗辑思维自频道都要开展一次对展示书籍的宣传售卖。在直播读书会的过程中，罗辑思维将读书和售书的环节相连接，为读者提供了极致无缝的消费体验。

直播 + 企业 + 活动的组合让企业在宣传过程中拥有了营销的核心竞争力，直播既让活动的过程得以充分展现，又让直播活动自身拥有了商业价值。成功的活动推广需要合适的平台，而直播恰恰就是适合品牌活动对外宣传的载体。从现今的国内品牌营销的变化与直播平台自身的嬗变来看，更具差异性、更具内涵的活动内容和直播的结合将成为未来企业营销的发展趋势之一。

场景六：直播 + 企业 + 深互动

直播最显著的优势在于它能为用户提供更直观、更形象的使用体验，甚至能够做到零距离沟通，这是其他传播形式望尘莫及的。聊天、打赏、投票等互动方式对直播这种潜力无限的媒体形式来讲仍然只是浮于表面，它们并没有把直播实时互动的价值挖掘到极致。

纵览中国目前各类品牌的直播营销模式，大部分还是局限于现场互动、老总登场、明星站台、低价促销等方式，“搞事情，博关注”的嫌疑更大一些，营销战术却相对较弱，无法形成用户黏性。在此情况下，将企业在直播平台上的宣传推广活动引向深入就显得很有必要了。

2015 年 4 月，宝洁旗下男性护理品牌老香料（Old Spice）在游戏直播平台 Twitch 上发起了一场特别的直播：主办方邀请一个人进行为期3天的野外生存,他的行为完全受观众的控制。所有观众通过聊天像打游戏一样提出下一步行动，系统会自动汇总所有玩家的选择，得票最多的动作指令就是当事人下一步的行动。

还有一个案例是，2016 年 3 月，宜家英国和知名社交平台 Skype 联手开展了一场名为“护照挑战”的直播，活动当日一些用户的 Skype 界面上会出现活动通知，他们将获准参与宜家的“护照挑战”。倒计时一开始，参加者需要在 30 秒内立即找出护照，并回到镜头前手持护照拍照（见图 2–8）。

能成功在 30 秒内找出护照的参与者将被宜家官方评为收纳能手，他们将得到一个价值超过 400 英镑的旅游大奖。而那些没有在限定时间内找出护照的参与者也不必丧气，他们可以收到宜家赠送的 LEKMAN 收纳盒。

不管是老香料直播野外生存，还是宜家英国直播“护照挑

图 2-8 买家参加护照挑战

战”，我们都可以从中看出他们的直播活动不同于一般企业直播的关键之处——更深层次的互动。前者的观众成为直播的“指挥官”，后者则直接把潜在消费者拉进了直播间，让用户成为直播的主角。这种大胆创新的企业直播让参与其中的观众对企业的印象更加深刻，并能打消一些消费者对企业可能进行虚假宣传的疑虑，有助于企业进一步获得受众的信任。

企业在直播平台上和用户深层次地沟通、互动，归根到底其实是互联网在发展过程中所呈现出的直播范围扩展和消费者对品牌体验的要求升级两大趋势相互融合的产物。

直播范围扩展。在线直播范围和层次正以令人瞠目的速度拓展，我们现在已经可以在六间房、斗鱼、花椒直播、映客直播等大型直播平台上看到丰富的直播内容。当直播进入“泛生活化”时代，连个人的衣食住行都可以通过直播呈现，那么企业在直播平台上还有什么不能做的呢？所以未来的企业直播营销将不再是企业在直播间打广告那么简单，品牌宣传与百姓生活、游戏、高科技等充分结合几乎是一个必然方向。

消费者对品牌体验的要求升级。社会在进步，科技在发展，生活状况整体向好的消费者自然不会降低对消费体验的要求。因此企业想要让消费者仅仅满足于对企业产品本身的认可是远远不够的，企业产品的体验升级趋势不可阻挡。当传统的体验模式遭遇瓶颈，企业就必须想办法进一步从各个维度提升用户的消费体验。而通过不断翻新的直播形式，企业能够让消费者感受到产品从研发到销售到售后服务的整体过程，在持续深入的互动中强化消费者对品牌的感性认识和理性认同。

在这两大趋势的共同推动下，企业通过直播平台和消费者进行更深入的互动基本上是一件不可避免的事。

当企业的直播营销进入深水区，倘若企业的宣传还局限于走马观花式的简单推广，必然会落后于直播营销的新时代。要想取得良好的营销效果，不仅需要企业在直播前大造声势、制造热点，更需要在直播过程中让受众饶有趣味地参与其中，不仅要让观众获得视觉、听觉的感官刺激，还要直击观众的心灵，目前来看直播正是满足企业这种需求的最佳手段。

第三章

旅游＋直播：世界那么大，你可以去看看

对旅游而言，无论宣传页的图片如何精美，景点介绍的文字如何华丽，都比不上身临其境的体验。

直播的实时性和互动性完美地解决了这一问题，直播不但让原本呆板抽象的景区游览介绍一下子变得生动直观，还能因传播方式的改变衍生出更多的商业模式。对从事旅游业务的公司来说，直播是一种非常值得尝试的营销，越早进入越有利。

在线直播：旅游产业新趋势

直播和旅游的融合体现出旅游产业作为一种轻经济形式灵活的一面。当直播技术日益成熟，直播的层次越来越深入地向垂直领域渗透，“旅游 + 直播”将作为全新的推广方式拓展旅游产业的发展前景。

放眼今日的旅游产业，我们可以看到很多业内公司为了自身的生存和发展，纷纷开始了旅游直播化的尝试，网络直播特有的灵活性令旅游营销的边界得以持续拓宽。途牛、同程、携程、去哪儿网等在线旅游巨头切入直播的大动作，在整个旅游产业转向网络化的大背景下仅是冰山一角。

2016 年 8 月，纷享世界和优酷正式建立战略合作关系，未来双方会在直播、旅游等细分市场深入合作，由双方共同制作全网第一档旅游直播节目。

纷享世界是澳达控股集团旗下位于北京的子公司，公司的主要业务是定制旅游的网上预订，通过“1+1”的专业旅行策划，力图建立一个以“深层次体验”与“私人化定制”为中心的针对千家万户的智能化定制旅行平台。结合网络技术，纷享世界能够满足各类家庭在旅行过程中对景区、机票、美食、演出、车辆等方面的私人定制需求，并具备旅游产品网上预订“一条龙”支付功能。

景区、旅行社等旅游业利益相关方都可以利用直播丰富多样的展现形式增强游客对旅游线路的感性认识，进而带动网上销售。从上述案例中，我们已经看出已有一部分旅游品牌正在积极探索旅游直播领域，这种大胆的尝试也为“旅游 + 直播”模式的发展树立了路标。

直播是目前中国传媒市场中最具发展潜力的媒体形式，不仅坐拥时下最先进的视频技术，而且在广大网民群体中颇具品牌影响力的直播平台已经出现。这些直播平台上有当今中国市场最活跃的潜在消费群体，旅游产业经过近 40 年的发展也进入了专业化、深层次的转型阶段。旅游业与直播平台的合作是推进前者消费体验升级战略的重要措施。当越来越多的优质旅游资讯集中于直播平台时，直播就将取代传统的平面媒体成为旅游营销的主要手段。

伴随各公司和品牌商纷纷试水直播营销，现在谈到直播，人们的印象早已不再只是形形色色的“网红”。旅游和直播共同的休闲属性让二者似乎具备天然的合作可能，和传统的营销方式相比，直播营销更容易激发旅游者的共鸣。相信随着旅游直播逐渐为更多人关注，直播也会像火热的微博、微信那样，成为旅游产业对外展示旅游产品的重要窗口。

更美好的旅游体验

目前，国内消费者对旅游产品的需求持续升级，传统的价格战已经不能获得日益挑剔的旅游者的认可，优化的旅游度假线路、优质的酒店和出行服务将成为消费者选择旅游产品的主导因素。旅游直播模式恰好能够给予观众身临其境的感受，主播们前往旅游地亲身体验拍摄的场景带给观众真实的视觉体验，直播的不可剪辑性又树立了旅游公司真实可信的形象。可以说，“值得信赖”是观众认可旅游直播的首要因素。

直播帮助旅游业解决了长期以来一直存在的问题——如何赢得消费者的信任。那么除了真实直观，旅游直播还在哪些方面促进了旅游业的发展呢？

旅游直播提升旅游业发展的经典案例

2016 年 2 月 28 日，九寨沟、青城山 – 都江堰举办了首场景观直播活动，将景点的绚丽景色以直播的方式展现。这场景观直播以九寨沟、青城山 – 都江堰景区的官微作为主要载体，bilibili 直播、熊猫直播、虎牙直播等直播平台全网同步直播，用在线直播的形式展现景点的美景，实际上为旅游景点的智能化建设找到了突破口。直播不光为广大观众提供了无须出门就能观赏景点初春景色的机会，而且首次以深层次、多角度的形式展现了即便置身其中也不见得能一睹真容的壮美景色。

此次直播活动至少吸引了 18 万名观众在线观看，如花似锦的美景加上独特的观看体验赢得了观众的一致好评，纷纷在评论区留言，表达自己对旖旎风光的赞美和对前往景区游玩的向往。

九寨沟、青城山 – 都江堰两个景区利用直播宣传自然景观，是景区旅游开发“走出去”“网络化”的第一步，同时也为向往九寨沟、青城山 – 都江堰美景又无暇前往的公众提供了一种全新的游览方式。

如果说九寨沟、青城山 – 都江堰联合开展的直播活动打响了景观直播的第一枪，那么龙门石窟专业直播平台的上线则开创了中国景区“慢直播”的先河。

2016 年 7 月 15 日，国内第一家慢直播平台正式登陆龙门石窟官网。即日起，不管你身处何地，无须出门，更无须买票，仅需一部手机，就能在龙门石窟慢直播平台全天候欣赏石窟美景（见图 3–1）。

有别于人们印象中短则几十秒，长则数小时的普通直播，慢直播采用的是将高清镜头安置在景区的重点角落、24 小时连续放送的长期陪伴式直播。在慢直播平台，“游客”们不必走马观花地快速游览，完全可以放松身心、细细欣赏。此举极大地方便了那些旅游时间有限又想深入体验龙门石窟魅力的游客：拿着手机，打开 App，就可以足不出户地欣赏四季龙门的山光秀色。

图 3-1　龙门石窟慢直播平台登陆腾讯旅游

从实际反馈中可以看出此次龙门石窟进行慢直播起到的良好效果。此次直播仅开放了龙门桥和西山石窟两处游览区，但开播的第一个月就有超过 4 万人通过慢直播平台参观了龙门石窟。后台数据显示，在慢直播 24 小时的直播过程中，深夜 3 点还有观众在线观看，可见其受欢迎程度。

上述案例中的景区一南一北，自然人文差别极大，但在对外宣传中不约而同地采用了直播这一推广方式。事实证明直播平台的接入确实为景区赢得了良好的社会反响和可观的经济利益。旅游的本质在于审美和娱乐，而旅游 + 直播的营销模式正好抓住了这两个本质：观众在充满代入感的观看过程中，不仅得到了美的享受，而且收获了快乐。

旅游直播对旅游行业发展的促进作用

旅游 + 直播激发了很多潜在旅游者的好奇心，也为旅游行业的发展提供了新的支撑。从前述两个典型案例中，我们可以发现旅游直播对旅游产业发展的促进作用至少表现在五个方面（见图 3–2）。

图 3–2　旅游直播对旅游行业发展的促进作用

宣传旅游产品的主体更多元。直播的草根属性降低了旅游宣传的门槛——旅游宣传再也不是代言明星的特权，只要是你热爱旅游、喜欢分享，人人都可以在直播平台上成为景区的“宣传推广大使”。

观众了解景区的过程更直观。直播的实时性让观众宛如身临其境，直播过程中不可预测的各种意外会促使观众产生亲自前往一探究竟的悸动。

增强观众和旅行社的黏性。直播的互动性让观众和旅行社、景区等旅游企业的直接沟通成为可能，旅行社可以在直播中表达自己的想法，观众也可以提出建议，这对消除误会、增进游客对景区的感情有积极的作用。

新奇的旅游消费体验。旅游 + 直播不仅是一种新型的营销模式，而且能衍生出全新的消费体验。景区可以在直播中售卖纪念品、获得打赏，这些形式都可以在无须观众亲自到访的情况下实现盈利。

更及时的消费反馈。旅游直播和平面媒体、电视等旅游宣传渠道最显著的区别是，旅行社可得到观众的即时反馈。这不仅有助于旅游企业及时调整营销策略，而且能大大提高旅游企业的变现效率。

在互联网飞速发展的今天，网络媒介对人们出行的影响越来越明显，在线直播的形式能使消费者在欣赏内容的过程中不知不觉地接受旅游产业的宣传信息，继而萌生旅游的想法。这对需要实现自我突破的旅游产业来说是一条值得尝试的路径。

模式突破：内容 + 推广

总结目前旅游 + 直播的成功案例，我们可以将旅游 + 直播模式划分为两种：一种重在提供优质内容，另一种重在捆绑优质资源。

用户原创 + 专业生产

直播的灵魂在于内容，对强调互动性和体验感的旅游直播来说更是如此，只有内容具备了足够的话题性，潜在旅游者才会关注旅行社进行的直播。众口难调自不必言，有人喜欢北方的冰雪世界，有人喜欢南方的热带风情，一味地将直播内容限定在固定的范围不可能达到传播效果的最大化，只有将用户原创内容和专业生产内容一起加入直播，才能最大限度地聚拢人气。

在这方面，携程无疑是个中好手。早在 2016 年 3 月就切入直播领域的携程是在线旅行行业第一个试水“旅游 + 直播”模式的公司，旅游达人和普通游客都可在携程的直播间与观众分享自己的旅行经历。但携程的脚步并未停止，2016 年年中，携程又顺势在新浪旗下的直播平台上发布了一档自制综艺节目《非常欧洲杯》，该节目在欧洲杯举办期间邀请苏醒等明星主持采访因扎吉等球星，通过专业生产内容解决以往直播平台原创内容同质化、质量差等问题，并利用直播平台的即时互动性和打赏功能评估节目的呈现效果，继而在直播过程中实时调整和优化，这种宣传的灵活性是普通电视转播平台不具备的。这是旅游和直播首次合作生产专业旅游节目内容，一举掀起了旅行社宣传专业生产内容的热潮（见图 3–3）。

图 3-3　携程《非常欧洲杯》直播综艺

从携程的首档自制综艺节目来看，携程的直播模式已从单纯的用户生产内容（User-generated Content，UGC）升级为专业生产内容（Professionally-generated Content，UGC+PGC）。用户生产内容的优势在于有效贴近大众，并能在短时间内低成本地批量生产，专业生产内容的目的显然是取得更深入的宣传效果，通过与直播平台的多层次合作更有利于旅行社完成品牌传播和流量变现的目标。

捆绑优质资源，提升知名度

企业通过直播平台开展各式各样的宣传活动，本质上是为了提升知名度，博得公众的好感，继而为发展创造良好的舆论环境。从这个角度来说，直播的首要目的在于维护企业的公共关系和社会形象。当携程在直播的内容方面投入大量精力以期吸引更多受众时，途牛则将目光投向公共关系。毫无疑问，途牛是在线旅游行业中的异类，途牛在正式上线的前两年竟把在线旅游做成了一个巨额亏损的业务。寻根溯源，人们会发现造成这种局面的原因不是经营不善，而在于途牛独特的营销方式。途牛早在 2015 年就开始近乎狂热地赞助综艺节目，《中国好声音》《最强大脑》《花儿与少年》等知名综艺节目中都可以看到途牛的身影。当然，每档节目赞助费都像压在途牛身上的巨石。通过烧钱，途牛迅速积累了人气，很多观众将对综艺节目的热情转移到了途牛身上。对途牛来说，这种快消式营销提升了它的知名度与美誉度。

在电视节目传播中初尝甜头的途牛自然也将这种屡试不爽的烧钱做法运用到了直播中。它先是建立了影视公司，接着又和花椒直播建立战略合作关系，开辟了旅游直播专区，签约了花椒旗下多名人气艺人。不仅如此，途牛还与花椒直播合作制作了专业旅行节目《超级自由行》和《牛大嘴》。在此之前，途牛还力邀王祖蓝、李亚男夫妇进行明星旅行直播，一下吸引了多达 90 万网民关注。接着又请知名演员颜丹晨进行了邮轮直播，最终通过直播获得了 100 万元的惊人销售额。

可以看出，途牛的直播营销模式是将品牌形象和优质的直播平台长期绑定，并进行深层次的战略合作。这更像是传统的综艺节目冠名模式，企业借助颇具影响力的直播平台来宣传自己，利用观众“爱屋及乌”的心理提升企业的知名度，这就是途牛的打法。从公共关系活动传播的角度来看，途牛可谓棋高一着。对于这种借力打力地实现营销目的的旅行社来说，原本的品牌价值并不重要，通过万众瞩目的公共关系活动获得良好的美誉度才是最重要的。

流量变现：旅游营销的第二次革命

10 多年前，在线旅行社（OTA）的出现将传统的实体旅行社转移到了网络平台上，让原本传播途径有限的旅行信息一下子传递到了五湖四海，掀起了旅游产业营销推广的第一次革命。直播平台的崛起可能会引发旅游产业的第二次革命：鲜活的直播内容让观众得以更直观地感受景区动态，互动式沟通则简化了咨询购买流程。

曾经尝到过旅游网络化甜头的 OTA 当然不会放弃旅游直播探索。而一些大型直播平台也纷纷与 OTA 跨界合作，意图抢占旅游直播这块市场。直播平台拥有庞大的消费群，他们极易受人气主播的影响，同时也对旅行充满了向往。将这些消费能力旺盛的群体带来的流量变现，是各大 OTA 开展旅游直播的原动力。

旅游 + 直播这种形式打破了传统营销平台只能依托图片和

文字描述旅游这种私人体验活动的单调性，并加进了直播那种亲临其境、即见即得的体验感。直播打破了时间和空间的限制，让直播间内的各种流量都有机会变现。从以下 3 个案例中，我们可以看出各大 OTA 是如何通过试水旅游 + 直播来实现流量变现的。

途牛影视与花椒直播的合作

2016 年 5 月，途牛影视和花椒直播达成战略合作协议，共同制作《超级自由行》和《牛大嘴》两档旅游直播节目（见图3–4）。

图 3-4　途牛影视与花椒直播战略合作发布会现场

途牛影视方面称，通过此次合作，途牛可以在一年内为其旅游直播频道提供旅游目的地数量多达 1 000 个的直播，并会开通直播专属入口，和花椒旅游直播频道相接驳，最终创建一个全天候直播的旅游购物节目。在随后开始的直播活动中，途牛官方通过直播形式派发旅游券，最终的成交额超过 100 万元。

随后在同年 6 月初，途牛影视又和花椒直播对外宣布开展第二次战略合作，未来双方会在制作旅游直播节目、开辟旅游直播频道、探索直播商业化等多个领域合作。

紧接着，在 7 月 12 日举行的途牛机票酒店战略发布会上，途牛邀请了 108 名花椒主播对发布会的全过程开展了现场同步直播，开创在线旅游行业先河，直播的覆盖人数超过 300 万。

去哪儿网联合斗鱼

同样是 2016 年 5 月，OTA 行业的另一个巨头去哪儿网也做了旅游 + 直播方面的尝试。去哪儿网与斗鱼携手发布了“旅游直播”特别节目。在节目中，10 多位网红主播分别奔赴香港迪士尼、广州长隆、四川九寨沟、泰国普吉岛、韩国济州岛等 8 个热门旅游景区。这场旅游直播历时 10 天，直播场次达到了 16 场，每场直播的时长都超过 3 小时，同时在线人数高峰时达到了 81 万，低谷时也有将近 10 万人次。

和这场直播同时进行的是去哪儿网“519 疯游节”活动，除了 1 元入住等超低价格的旅游产品外，人气主播元素也成为此次活动的闪光点。

去哪儿网联合斗鱼开展的一系列直播活动不仅提升了去哪儿网的知名度，也为去哪儿网后续的促销活动积累了人气。原来待在直播间的主播拿着手机带领观众游览名山大川的钟灵毓秀，感受形态各异的风土人情，品尝回味无穷的特色美食……这些都令观众感受到多样的直播乐趣，并大大提升了去哪儿网的在线订单量。

携程联手哈你直播

2016 年 5 月末，携程和陌陌旗下的哈你直播联手推出了一个 8 小时的直播。直播从上午 9 点开始，哈你直播知名主播瑶瑶带着观众先是游览了上海迪士尼全世界首发的蒸汽船米奇喷泉，接着参观了同样是全球独一无二的海岛主题公园的宝藏湾，随后又参观了奇想花园、明日世界、梦幻世界等独具特色的地点。

在长达 8 个小时的直播中，瑶瑶带着观众足不出户地游玩了刚刚开园、在观众心中还略显神秘的上海迪士尼乐园，并加入了极为吸引人的特别环节——“200 元会不会被饿晕”。

通过这场体验直播，携程把上海迪士尼最真实的一面展现给了观众，令不能亲自前往的观众也拥有了直观的游览感受。

对 OTA 而言，当前的发展已明显陷入瓶颈，网上预订旅游产品的便捷性早已不再是用户选择在线旅行社的理由，OTA 亟待在新的体验形式和传播内容上找到突破口。而通过为室外真人秀提供赞助或亲自制作旅游型综艺节目可以产生明显的话题效应，并引起消费者的注意，这为 OTA 的引流与变现打下了基础。

另外，直播界面简单直观，画面比传统的平面媒体更为讨喜，所以OTA若在直播中加入自己的旅游产品的链接和广告，观众会更乐于接受。从目前的反馈来看，多家OTA都表示观众在旅行直播中预订相关旅游产品是非常容易操作的。当实践证实了期望，在旅游＋直播模式中蕴藏着的实现流量变现的机会数量将相当可观（见图3–5）。

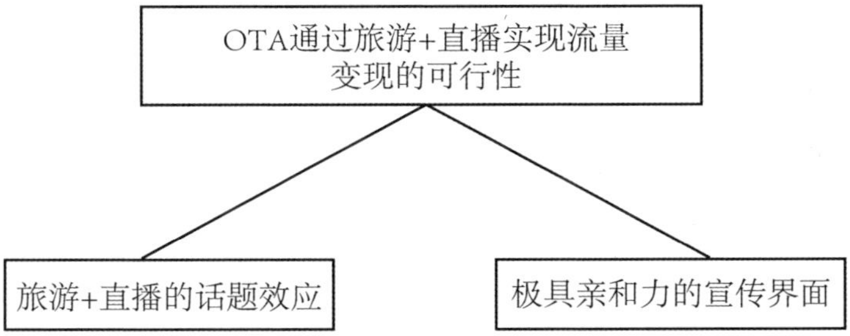

图3–5 各大OTA试水旅游＋直播实现流量变现的可行性

新故相推，日生不滞。5年前OTA改变了旅游业的面貌，未来直播也将彻底颠覆OTA的引流与变现方式。将来在旅游直播的发展中，OTA还会探索出哪些引流与变现方式，我们拭目以待。

旅游为体，直播为用

现在，饱受无序竞争、巨额亏损等症结困扰的旅游业急需一支强心剂来“涅槃重生”，自带流量、粉丝和潜在消费群的直播似乎是旅游业革除行业弊端的一剂“良药”。直播给了旅游从业者充分的想象空间，但是在直播平台上漫无目的地烧钱不仅难以提升旅行社的业绩，反而会吹起又一个虚无缥缈的资产泡沫。旅行社要想真正在直播中取得实际效果，就必须在参与直播的过程中把握住旅游业直播的关键，打造出一个行之有效的引流与变现闭环。

在一些旅行社对直播营销的实际探索中，相关从业人员发现旅游的本质、直播效果、景区定位和销售这四点直接影响到了旅游直播的成败得失，因此这些方面也就成为旅行社在进行直播营销的过程中必须考虑的关键因素。

旅游的本质

对于旅游直播这种新型的营销方式，旅游业内其实一直存在争议。从一开始对旅游 + 直播模式技术可行性的探讨，到对旅游直播是否只是营销噱头的争论，再到最后直播能否真正转化为收益的讨论，在旅游直播发展的每个阶段，行业内外的质疑声从未平息。

面对外界的纷纷扰扰，旅游直播的探索者必须时刻保持头脑清醒：旅游直播的本质在于“旅游”，而不是“直播”；旅游是目的，直播只是一种手段。只有充分认识到这一点，旅游业营销人员才能清醒冷静地看待旅游直播，尽快确立科学的旅游直播商业逻辑与打法。

在这方面，中青旅的做法值得借鉴。2016 年 11 月，中青旅宣布和中国最具规模的短视频公司一下科技开展战略合作，双方将在旅游产业的四大领域携手制作与旅游相关的直播节目，以期打造一个宣传、销售一体成型的旅游视频生态网络——旅游视频联盟（见图 3–6）。该旅游视频联盟未来将向各类旅游监管机构和旅游企业开放，并进驻一直播、秒拍等其他直播平台，实施旅游产品定制、渠道销售等“一条龙”直播营销解决方案。

图 3-6　中青旅与一下科技战略合作发布会

中青旅在与各类直播平台合作的过程中始终围绕着“旅游”二字做文章，制作直播节目是为了宣传旅游产品，打造视频联盟是为了增强其在旅游业的话语权，而提供一整套高效解决方案则直接是为了旅游产品的销售。所以，中青旅在和直播对接的过程中始终没有“跑偏”，达成预期效果也就成为意料之中的事情。

直播由于其网络属性，很容易成为资本竞相追逐的风口，但是这种热度并不能持续，脱离实际的炒作终究会如肥皂泡破灭。而旅游行业虽然有网络化的表现，但是其产品需要依托实体景点的特性并没有发生改变，因此在进行直播营销的过程中，旅行社来不得半点儿糊涂。旅行社应当让直播成为公司旅游产品对外展示的窗口和重要的销售渠道，而不应让直播沦为哗众取宠的道具。旅游直播究竟是光明大道还是虚幻泡影，选择权掌握在旅行社营销人员手中。

优化直播效果

受直播环境和技术条件的限制，目前旅游直播相对于固定的室内直播成像质量并不高，模糊的画面常常令观众眩晕。频繁摇晃的摄像头和相对单一的体验过程也容易引起观众反感，这种问题在目前的旅游直播实践中曾多次出现。同样是受技术条件的限制，观众要想在直播平台上直接购买旅游产品，目前来看还比较困难，即使有的在线购买功能已经上线，从观众的反馈来看，直播旅游消费体验还不是很成熟。

对此，旅行社在开展直播营销的过程中，应当重视对技术的升级和对用户消费体验的改善，不能将营销内容放在直播平台上“一播了之”，而应在直播过程中时时注意优化直播效果。

旅游直播的景区定位

旅游直播的景区定位对旅行社来说具有举足轻重的作用。

在开展直播之前，旅游景区必须首先对自身有清晰的定位，让景区和主播、直播形式相契合，这样才能将景区的卖点自然地传递给观众。否则景区和主播的形象错位会让观众在看直播的过程中尴尬不已，满满的“违和感”甚至会导致观众心生反感。

譬如对于文化内涵深厚、目标人群是普通百姓或是一般中产阶层的景区，请明星大腕做主播显然推广效果更好。假如是以体验和娱乐为主要卖点的景区，请网红做主播的呈现效果显然更佳，而且成本更低。景区定位和主播、直播形式的搭配效果会直接影响旅游直播的转化率。

加强产品销售

旅游营销的终极目的在于盈利，而盈利的来源主要是旅游产品的销售。如果旅行社在直播过程中只强调视觉效果，不重视甚至忽略销售环节，那么旅游直播会沦为“口惠而实不至”的无用功，所以任何旅行社在直播过程中应巧妙设计多个实现销售的机会。

从目前来看，旅游直播中的销售无非还是通过在直播界面直接打广告、限时优惠、打赏等常见手段，但是随着直播平台商业化的深入，相信未来旅行社能探索出新的直播平台销售模式。

诚然，旅游直播作为时下移动互联网催生的一种传播方式，对经济平稳期大背景下的旅游业具有一定的推动作用。但是掌握先进的传播工具并不意味着一定能产生显著的效果。旅行社在直播平台盲目扩张会让尚不成熟的旅游直播提前陷入白热化竞争，只有紧抓旅游业直播化的关键，旅行社才能真正成为旅游直播的受益者。

体验式营销：激发年轻群体的共鸣

旅游直播因宣传方式的即时性契合了当下年轻人的“疯游”精神，在整个直播过程中，对旅游的理解和诠释更容易激发年轻用户的共鸣。这一独到优势正是很多旅游推介主体为旅游直播投入大量资源的原动力。下面结合两个经典案例，谈谈旅游直播这种体验式营销对年轻受众的巨大影响。

三亚千古情景区宋城六间房透明直播间，助力草根圆明星梦

2016 年 4 月初，宋城六间房透明直播间来到三亚千古情景区，在古色古香的崖州古城现场 K 歌。现场气氛热烈，游客纷纷表示这是参加过的互动感最强、离“明星”最近的演唱会。

宋城六间房透明直播间拥有顶尖唱录设备，在这里，任何人都能成为舞台的主角，圆歌手梦，录制专属 MV。在透明直播间，想要演唱仅需两步：扫描现场点歌二维码，进入透明直播间现场演唱。直播间背后有一台电脑，控制着音乐播放与视

频制作，当场便可完成一支精美的 MV，演唱结束即可拿到个人专属 MV。每一个有明星梦的草根都可以自由体验，挥洒自己的个性与才华。

图 3-7　宋城六间房透明直播间活动现场

三亚千古情景区打造透明直播间，既能将线上优质的演艺资源、互动体验延伸至线下，让更多的人体验线上和线下的互动新方式，又可以助力草根圆明星梦，同时还以活动为主体吸引众多游客来景区参观游玩。这样既符合极具网络思维的年轻人的习惯，又能在身临其境般的直播体验中激发年轻受众对旅行的兴趣。

据统计，在观看网络直播的观众中，28 周岁及以下的年轻人超过 70%，这些人每天平均观看时间超过 130 分钟。这批 85 后、90 后的年轻在线直播用户对于旅游具有很高的热情。因此，各旅行社可以通过旅游直播的影响力，打造专门针对年轻人的网红旅游产品。

一位非常喜爱在线直播的90后游客曾经这样阐述他对旅游直播的认识："通过观赏旅游直播，我无须亲临实地就可以判断旅游产品是否适合我，还能在直播中把握住旅行的潮流，可谓是一举两得。"

县委书记直播翼装飞行

2016年6月21日，湖北巴东县的时任县委书记陈行甲为推广巴东县的旅游，亲自上阵直播了一场3 000米高空翼装飞行活动（见图3-8）。

因为现在年轻的游客大部分都喜欢翼装飞行之类的极限运动，而巴东正是翼装飞行世界杯比赛的分站。全球具备翼装飞

图3-8　巴东县前县委书记翼装飞行后直播推广地方旅游

行能力的人极少，巴东分站赛一下就来了 13 人。刺激而又小众的运动往往更能吸引那些追求新奇体验的年轻游客，这是推介巴东旅游的重要契机。陈行甲以前就曾多次登台献唱宣传当地旅游业，这次又“不走寻常路”。相比唱歌，从未有过高空跳伞经历的他决定尝试翼装飞行。

陈行甲在空中纵身一跃并将巴东旅游旗帜打开的直播一经播出，很快就火遍了整个互联网。据统计，第一时间发布这段视频的巴东电视台微信公众号累积点击量超过7万次。凤凰体育、湖北卫视等媒体都在现场进行了直播，甚至连中央电视台都对这场活动做了跟进报道。

这场翼装飞行的直播火遍全网之后，巴东县旅游业被点燃，很多年轻游客慕名而来。在节假日等旅游旺季，巴东的酒店住宿甚至一房难求。

县委书记直播翼装飞行作为一场旅游推介活动，一经开播就吸引了大量观众，旅游 + 直播为什么如此受青睐？因为这种宣传方式的目标受众是年青一代，年轻人偏爱新潮、个性、新鲜、有趣的事物，直播正好具备这些特色，比起千篇一律的大幅广告，他们更喜欢直观的宣传。

乐可旅行推出年轻人专属旅游直播

如果说县委书记直播翼装飞行只是对旅游直播这种体验式营销的个人探索，那么乐可旅行推出年轻人专属旅游直播则是

对旅游 + 直播营销模式的专业实践。

有别于常见的泛娱乐直播，乐可旅行的主播团队由科班出身的人员组成，专业的线路设计团队会从个体出行的角度入手，为那些有个性化旅行需求的年轻游客量身定制旅游直播节目。

2016 年 8 月底，中国第一档国外旅游全程直播栏目《迷の东京》在乐可旅行和映客直播同步上线（见图 3–9）。《迷の东京》的主要内容以年轻游客喜闻乐见的元素为主，从充满二次元气息的海贼王主题博物馆到“电器之都”秋叶原、从《灌篮高手》经典片段的原型场景镰仓高校到日本传统文化的代表浅草寺，所有能够体现青春时尚文化的典型景点都包含在了这场旅游直播节目中。在包罗万象的同时又不失主播的特色，这种营销方式很符合年轻人的口味。

在《迷の东京》直播中，既能够以主播为主体带领观众实时游玩，又可以让观众做主，让主播按观众建议的线路游玩，主播和观众在旅行的过程中充分互动。这样既符合极具网络思维的年轻人的随性，又能在身临其境般的直播体验中激发年轻受众对旅行的兴趣。

据统计，观看网络直播的观众中，28 周岁及以下的年轻人超过 70%，这些人每天平均观看时间超过 130 分钟。这批 85 后、90 后的在线直播用户对旅游的热情同样很高。因此，各旅行社可以借助旅游直播的影响力，打造专门针对年轻人的小众特色旅游产品。

图 3-9　乐可旅行“迷の东京”宣传图

今日年轻人的消费呈现个性化、娱乐化、多样化的需求，旅游企业在旅游直播节目设计上，不妨多推出一些诸如跑酷团、动漫团之类的产品，以赢得年轻用户中的小众群体。小众的“小”不是消费群体的规模小，而是需求的小众与独特。因为互联网与移动互联网平台打破了消费群体在时间与空间上的桎梏，只要拥有相同的价值观与相同的个性化需求，即使分散在不同角落、不在同一时间轴上的消费者，也可以通过网络平台聚合在一起，并展现出极强的购买力。因此，当小众消费群体通过粉丝、圈层、社群等渠道慢慢壮大自己，向外蔓延，形成庞大而稳定的生态圈，小众思维也必将成为大众逻辑，小众经济也必将占领大众成为“碎片化”的移动互联网商业的内核经济。

案例　宋城旅游：携手六间房，打通旅游线上线下壁垒

2015 年 3 月，传统演艺公司宋城演艺宣布以 26.02 亿元收购互联网演艺平台六间房，并表示未来将以六间房为其互联网业务的核心平台，完善自身产业生态，建立线上线下同时发展的多元化生态产业链，以实现传统行业和互联网行业的高效融合。

一直以来，旅游都是宋城集团重点发展的业务领域。在收购六间房之后，宋城与六间房联手策划的一系列直播旅游活动，在旅游行业的直播营销上做了卓有成效的探索。

2016 年 7 月 3 日，丽江宋城旅游区联合六间房举办了一场在线旅游直播活动，由六间房美女主播嘎吉米带大家体验丽江的独特风情。丽江因茶马古道而立，因茶马古道而兴，丽江的辉煌是马蹄踏出来的辉煌。千百年来，在崎岖的茶马古道上每天都上演着马帮们惊天地、泣鬼神的生命乐章。今天，马帮虽然早已消失在历史的长河里，但人们仍然能够在丽江宋城旅游区一窥马帮曾经的风采。

在嘎吉米的带领下，大家一起走进丽江宋城旅游区，看美女骑着马炒出美味的马锅饭并亲自品尝，一起忆苦思甜，向生生不息的马帮精神致敬。不能到现场的游客也能通过登录宋城六间房观看全程直播，活动受到了大家的热烈追捧。在线网友超过 10 万人。

2016 年 11 月 26 日至 2017 年 2 月 28 日，是三亚宋城旅游区夏威夷草裙舞节，为了让更多游客体验旅游风情，景区联合六间房针对草裙舞节举办大型歌舞《三亚千古情》、陪你冰屋吃火锅等诸多分主题的活动，并现场同步直播。

2016 年 12 月 17 日，数百位游客在三亚宋城浪浪浪水公园的浪迹天涯冲浪池、山涧穿越、彩虹滑道、丛林漂流等游乐项目畅玩，与草裙美女斗舞，体验水上的速度与激情。

2017 年 1 月 7 日，数百位美女在三亚千古情景区内卖温度。游客都被这新奇的售卖所吸引，争相购买，美女们把“温度”装入保温袋，袋内温度计的指数为 32℃，很快上百袋“温度”被一扫而空……

宋城六间房对这一系列主题活动均进行了同步直播，围观网友为这些新奇的活动纷纷点赞。

2017 年 1 月 15 日，杭州宋城景区印第安火鸡节开幕。景区推出“45 元即可游杭州宋城景区，提前体验印第安火鸡节，参加吃鸡大赛，赢活火鸡”优惠活动，六间房同步直播活动盛况，近 5 万人在线观看。

活动当天，舞龙舞狮、宋宫宴舞、印第安拍胸舞等热闹的新春演出后，千名游客参加了吃火鸡大赛。来自福建的邓先生仅用3分钟就吃掉一整只烤鸡，获得冠军，赢得20多斤重的活火鸡一只。热闹的场面不但在景区反响热烈，同步在线观看的数万网友也纷纷融入其中，围观、看热闹、刷礼助威。虽然这些网友不能亲临现场，但是通过屏幕及主持人的口播介绍，对杭州宋城景区有了更形象、生动的了解。宋城演艺和六间房这种线上线下的互动活动在给游客带来新奇感的同时，打通了线上线下的壁垒，让更多的用户参与到宋城景区中体验乐趣。

2016年7月30日晚，中国大型演艺女子天团树屋女孩在杭州宋城浪浪浪水公园举办回馈粉丝演出——7月生日公演（见图3-10）。公演全程通过宋城六间房进行直播，一开播便引来数万人围观。在粉丝的欢呼下，树屋女孩开启劲歌热舞模式，各路明星齐助阵。活力四射的歌曲串烧、热辣动感的舞步引得现场尖叫连连，现场气氛一次次被推向高潮。

此次树屋女孩生日公演以及狂嗨LANG潮流电音派对，不但成了当天杭州宋城浪浪浪水公园夜游的一个重要项目，引发所在地游客的参与热潮，更让数万网络观众度过一个清爽、劲爆的不眠夜。

宋城旅游携手六间房策划的这一系列直播活动有一个共同点：通过直播，打破地域限制，实现了线上线下的同步狂欢，极大地展示了各个景区游览的趣味性。宋城集团通过直播充分展示了宋城诸多景区的特色，网友纷纷在弹幕评论区表达自己对各个景区的喜爱之情，成功吸引了更多游客前往亲身体验。

图 3-10　树屋女孩生日公演直播

宋城景区通过这些旅游直播活动，把旅游和现在最流行、最受欢迎的在线直播相结合，利用六间房平台的技术手段直观地展现了各个景区的硬件、配套设施，使更多的观众领略到了每个景区的独特魅力，提升了景区的知名度。宋城和六间房联手开展的这些“旅游＋直播”活动是业界对旅游直播的积极探索，为旅游业的市场主体提供了研究案例。

那么其他从事旅游业务的企业和个人应当在这些典型案例中汲取哪些成功经验呢？下面我们细细剖析。

积极利用新媒体

在尝试将传统行业触网过程中，宋城绕过了深耕互联网多年的大型视频网站，直接将目光对准了直播。

当传统的推广载体已不能激发用户的兴趣时，“旅游＋直播”的模式必然会兴起。旅游企业早一天拥抱直播，就能早一天受益。

创造新奇的旅游消费体验

从商业角度讲，宋城利用直播将景区和观众紧密地结合在一起。想要去宋城各个旅游区的观众不再需要亲自前往目的地购票，取而代之的是在观看直播的过程中轻松点击直播间的相关链接，就可以直接完成景区门票和相关旅游产品的预订，流量即时转化、一气呵成，这是广大旅行社在拓展旅游消费体验方面的成功尝试。

旅游产品宣传主体多元化

宋城的所有直播活动几乎都没有请名人参与，活动主播也大都是籍籍无名的“素人”，这要得益于直播的草根属性，而这种草根属性又很容易拉近景区和观众之间的关系。所以，景区如果想取得更好的传播效果，不能光想着请名人代言，将景区宣传主体的范围扩展到大众也是值得尝试的。

牢牢把握旅游的本质

所有的旅游直播活动中，宋城始终没有脱离“旅游”的本质。在直播前大力宣传旗下的旅游景区，在直播中进行限时订购旅游产品的优惠活动，在直播结束后会将相关旅游信息的链接在直播间放置很长时间。只有在直播过程中牢牢把握旅游的本质，旅游企业才能真正让“旅游＋直播”模式发挥作用。

第四章

电商 + 直播：眼见为实，转化直接

随着网络直播自 2016 年起声势日壮，电商 + 直播的营销模式也凭其相对于传统营销成本低、转化率高等优势得以迅猛发展。本章将就直播对电商的意义、电商 + 直播的几种主要模式、其面对的机遇与挑战及其发展前景与方向等展开论述，和大家一起了解电商 + 直播这一全新的营销模式。

电商为何做直播

2016 年 5 月 28 日，影视演员、歌手吴尊在淘宝上直播推荐惠氏启赋奶粉，在长达 1 个小时的直播中，惠氏启赋淘宝店铺的成交额突破 120 万元，单品转化率高达 36%，至少是日常商务转化率的 7 倍。直播结束后，主办方惠氏启赋奶粉及其合作方淘宝直播都震惊于直播的威力。

事实上，惠氏启赋奶粉的成功并非个案，在此之前，柳岩在淘宝的直播，魏晨在聚美的直播，都曾造就超乎想象的点击量和转化率。我们由此也可以看出：直播营销的出现给电商提供了全新的发展契机。那么它对电商发展的意义具体是什么呢？换句话说，各电商为什么要使用网络直播进行电子商务往来呢？

直播最大程度地降低了电商的获客成本

近年来，获客成本高企的问题一直困扰着许多电商，购买流量是电商难以承受之重，传统的营销策略（打折、降价、开展抽奖活动、双十一特惠等）都需要商家付出较高的资金成本，而直播的出现极大地改善了这种局面，甚至可以实现零成本营销。

在引流上，当前的直播平台一般不收费，注册后就可以开启直播。以淘宝直播为例，如果店家已经是淘宝达人，就可以直接开启直播；如果还不是，只需等待审核通过即可开通，完全无须资金投入。电商经营者可以借助这些平台自己做直播，只需要投入一些精力，将直播做得足够新颖，富有特色就可以吸引消费者驻足。这种方式的优点不仅表现在销量方面，在维护商家和客户的关系方面也大有裨益。

以 2015 搜狐时尚盛典年度电商模特候选人、网红张大奕为例，其通过直播自己的私服搭配（见图 4–1），使自己的店铺实现了月销售额破百万的业绩，3 天内完成普通实体店一年销售额的销售神话，店铺开业一年即拥有五皇冠。

图 4–1　张大奕在直播中分享自己的私服搭配

对张大奕而言，做到这一切几乎是零成本。当然这里所谓零成本只是单纯针对资金方面，在直播营销过程中主播必然需要投入大量时间与精力。不可否认，张大奕的网红身份使其具备了很大的优势。事实上，除了张大奕，还有这样一批人，他们通过淘宝店直播将网红的名头变现，例如罗休休、周小云。

当然，无论是张大奕，还是罗休休、周小云，对普通电商经营者来说，她们的成功很难复制。但是，商家们可以请一些拥有固定粉丝群的明星和网红为自己进行直播，虽然价格不菲，但是相比以往烧钱抢人、明星代言广告、节日大促等血本营销模式来说，这点儿成本不值一提。

直播为电商吸引大量眼球

想要吸引消费者的注意，在多如牛毛的网店中脱颖而出，就必须具备相当强的吸睛能力。店铺的等级、店铺和店铺宝贝的收藏量、店铺的打折和优惠活动等都是吸引消费者的重要元素，但只有这些还不够，在这个追求个性的年代，想要吸引更多消费者，特别是以 90 后为主的新生代，网店就必须标新立异，构想一些新奇的影响策略。利用直播的闪光点来营销，就是策略之一。

直播以一对多模式惊艳买家。我们知道，传统的电商与买家进行的是网上双向的一对一交流，成与不成只是一件或几件商品的交易，至多买家对交易各阶段都很满意发展为固定客户，但那也只是单个客户，给商家带来的利润非常有限。而直播在电子商务方面的应用着实达到了一鸣惊人的效果，其特有的一对多交流模式使电商短时间内获得大量客户成为可能。魏晨在聚美直播的5分钟内，直播平台粉丝就超过200万（见图4-2）。根据浏览到购买32%的转化率来计算，它在那么短的时间内所得到的客户数量之多也足以令人惊叹。

图4-2　魏晨在聚美直播

直播以其真实性征服消费者。以往的网上购物，消费者看到的只是商品的平面图，可能与实物在各方面差别巨大。不少人会因此心存顾虑，不会轻易下单购买。直播的出现为电商解决了这个问题，因为直播是即时性的，不能重来，也无法剪辑，看到什么就是什么，消费者不会因担心自己可能受骗而心存顾虑，下单的消费者自然多了。比如，吴尊在淘宝上推荐奶粉的直播让消费者们看到了关于奶粉的详细信息，在大约 1 个小时的直播中，他们心里的疑虑渐渐减少、消失，信任随之建立，订单大增，销量可观。

直播以其互动性温暖消费者。去实体店买东西，消费者可与卖家面对面地互动，还可以直接鉴别商品。而传统电商只能通过信息与消费者进行单一的文字交流，没有面对面交流的亲切感。直播不仅弥补了这一不足，而且有所开拓。它不仅使买卖双方可以面对面交流商品信息，还让天南海北的买家也能通过直播交流购物心得。而且，直播中别有新意的小活动也往往能抓住客户的心，从而增加销售额。魏晨在聚美直播进行送礼物、发红包等互动使直播观看人数突破 500 万，我们可以想象其中的潜在客户数量。

综上所述，直播以其特性为电商吸引了大量眼球，使它能够获得更多客户，从而实现以低成本获得高利润，也以其独有特性使电商获得一个十分难得的发展契机，对电商发展来说意义重大。

电商 + 直播的三大模式

电商 + 直播有不同模式，划分标准不同，其分类也有所不同：以直播侧重点为划分标准，可将电商 + 直播划分为网红类直播和互动类直播两种；从主播身份角度，电商 + 直播可被划分为店主直播、网红直播和明星直播三种。

以上两种划分方式下的直播模式都比较容易理解。现在，以电商与直播的结合方式为划分标准，我们一起来了解一下电商 + 直播最经典的三种模式。

电商平台增加直播功能

这类电商 + 直播模式的特点是，传统的电商平台（如淘宝、天猫、蘑菇街、聚美优品）在自己原有的平台上添加直播功能，卖家申请开通直播功能，通过审核即可开启直播。

实际上，这种方式只是在传统电商平台上添加了一种以往没有的功能，商家可以选择申请使用或者置之不理，传统电商平台并没有因为直播功能的出现而发生质的变化，它售卖的还是以往的那些商品，商品的结构、购物操作流程并没有改变。

例如，在 2015 年“双十一”期间，美宝莲在天猫共卖出 9 000 支口红；2016 年 4 月 14 日，Angelababy 为美宝莲直播宣传，两小时内其新品“唇露”卖出 10 000 支。

从表面上看，这是直播的巨大成功，但仔细分析可知，其背后起关键作用的实际上是明星。按照这个趋势发展，最终各个电商平台添加直播的模式可能会转化为对优质内容也就是有影响力的明星或网红主播的争夺，而这和传统的请明星为自己代言做广告没有本质区别。

而且基于这种模式，用户更换平台的成本非常低，可以说几乎为零。人们不会为用哪个电商平台看直播购物而苦恼，通常是哪个更实惠就用哪个。因此，这种电商平台与直播结合的模式实际上没有多少新意，但这种模式产生的盈利效果还是非常令人满意的。

直播平台通过商品链接向电商平台导流

简单来说，就是在以往的直播平台（比如六间房、YY LIVE、映客直播、花椒直播）的直播页面添加商品链接，主播在直播时适时宣传链接商品促使观众产生购买意愿。观众点开链接后可直接进入商品购买页面了解商品详情，进而做出购买或不购买的决策。

这种模式目前还没有非常成功的案例，只是一种发展方向。对直播平台来说，电商 + 直播的变现方式清晰、直接，是目前可以预见到的最诱人的直播变现渠道，但是市场上众多直播平台都不敢轻易试水。目前的直播平台大多属于荷尔蒙经济，用户观看的主要目的不是关注主播推荐的商品，而更多的是为了放松。如果在直播平台添加电商功能，用户会有被要求购物的逼迫感，直播平台可能因此失去大量用户。

新型电商 + 直播模式

这种新型的电商 + 直播模式以波罗蜜日韩购和小红唇为代表。

波罗蜜是 2015 年年初成立的主打视频互动直播的专业日韩自营跨境电商平台。打开 App，用户即可真切感受到日韩当地的购物场景，并能在线与现场工作人员实时互动。波罗蜜在价格方面主打“只卖当地店头价”，即用户亲自到日本和韩国购买商品的价格和波罗蜜的售价是一样的，而且波罗蜜的商品均由当地富有经验的团队负责选品、供应链、仓储等，有质量保证。波罗蜜这种新型直播购物模式让人耳目一新，吸引了很多用户和投资人的关注。

小红唇是国内一款针对 15 ~ 25 岁年轻女性的垂直视频分享社区 + 社会化电子商务平台（见图 4–3），由美妆达人在平台上分享化妆、护肤、如何选择化妆品

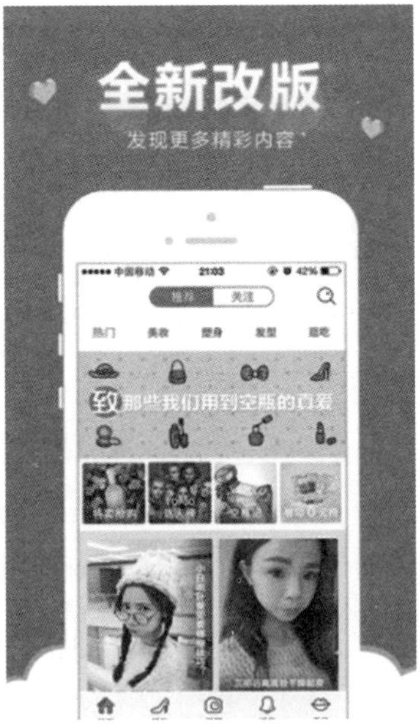

图 4-3　小红唇 App

等关于如何变美的视频和直播。视频和直播页面链接有达人推荐的各种商品，用户只需点开链接便可到达购物页面选购商品。目前该公司的发展方向是进一步打造网红、增强变现渠道、强化直播内容 + 流量，以及品牌双向导流。

菠萝蜜与小红唇一开始既不是以电商平台形式，也不是以直播平台形式出现，而是以电商 + 直播的综合性平台形式亮相。也就是说，它们从成立时起就把电商与直播视为不可分割的整体，二者是并存关系，它们不同于淘宝、天猫等电商平台的直播：淘宝和天猫只是把直播设置为一种新的功能，电商平台与直播是从属关系。

做个可能并不恰当的比喻，如果淘宝是一棵梨树，直播就是后来嫁接到这棵梨树上的小苹果枝，它与众多梨树枝一起形成整棵树，而波罗蜜和小红唇则一开始就是梨树和苹果树的合体，它们是“梨苹果”树。

当然，这些“梨苹果”树并不是完全一样的，比如波罗蜜的商品信息和直播视频在同一个页面，它的视频并不都是实时直播（那样成本太高，不太现实），而是提前在日本或韩国制作好的日本或韩国的工作人员介绍商品的视频。可以点开视频看以往的直播，这些视频都被重播过很多次。小红唇则强调通过分享激发用户的兴趣，进而购买。相比之下，小红唇的社交属性似乎更强一些。

一般认为，新型电商 + 直播模式是三种模式中最具有竞争力、发展前景最好的，因为这种模式中的直播和电商是紧密联系的整体，二者利益相关，是互利共生的关系，其内容带有鲜明的平台属性，同时平台上售卖的商品也是直播中推荐的。

哪些产品和服务适合直播售卖

目前，电商直播营销主要集中在跨境电商和美妆两大领域，同时也在向其他领域扩展。虽然从发展局势上看，电商 + 直播是未来电商发展的大势所趋，但是从当下来看，并非所有产品和服务都适合通过直播售卖。那么有哪些产品和服务适合做电商 + 直播呢？下面就让我们一起简单了解一下 (见图 4–4)。

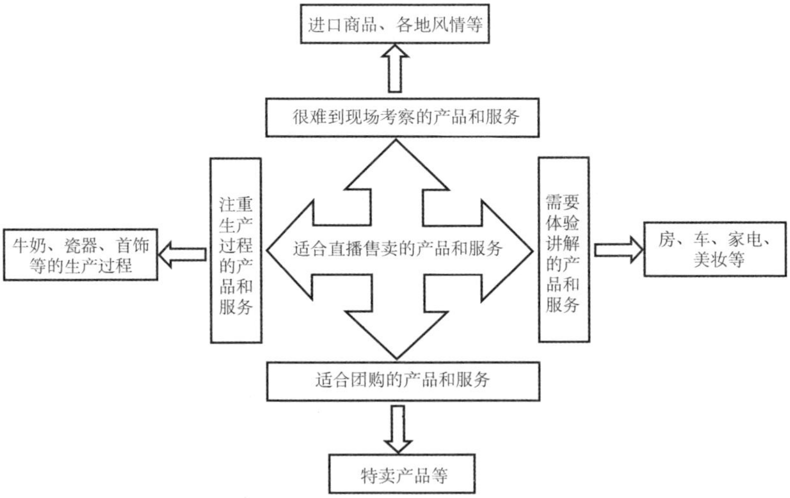

图 4–4　适合直播售卖的产品和服务

很难到现场考察的产品和服务

很多消费者受时间、经济等方面的制约不能直接到国外购买当地的商品，无法了解自己想要的商品在国外的销售情况：有什么品牌、对应的价格区间如何……总之，得不到对称的信息，如果通过电商购买，依旧存在信息不对称的问题。直播的出现有效地解决了这个问题，消费者通过直播能详细地了解进口商品，进而做出购买与否的决策。

此外，购买旅游服务，在抵达前很难真实了解，直播可以解决这一难题。消费者可以通过直播了解各地风土人情，决定去哪儿。项目投资类的决策也难以在不到现场的情况下轻易做出，借助于直播，投资方可以深入了解项目，进而决定是否投资。

注重生产过程的产品和服务

随着社会的发展和人民生活水平的提高，人们对产品和服务的关注从产品本身逐渐转移到了生产过程，实际上就是越来越关注产品和服务的质量。食材方面，比如牛奶、蔬菜的生产过程；艺术品领域，像瓷器、首饰的制作过程。此外，食品的加工过程、孩子学习的过程等都逐步成为人们关注的重点。

卫龙食品就做过一次展示产品制作流程的直播，其用直播的形式展示生产车间的情况和整个生产流程，成功地打消了人们对于食品安全的疑虑，产生了非常好的宣传效果（见图 4-5）。

传统电商只通过图文展示并不能使消费者详细而真实地了

解这些，直播却做到了这一点。因此，售卖此类商品的电商应该抓住机遇，积极利用直播强大的宣传作用。

图 4-5　卫龙食品直播生产车间

需要体验讲解的产品和服务

针对某些商品，消费者在做出购买决策前往往需要先全方位地了解，听取专业的意见和讲解，但是也有不少人没有那么多时间亲自去体验，直播就非常适合这类商品。这类商品可以通过直播展示细节，虽然不能完全代替真实体验，但是最起码可以在有限的时间里帮助消费者进行第一轮筛选，节省实地考察的时间。

我们可以看到，需要讲解化妆技巧的美妆类产品已经在电商直播中风靡，前文提到的小红唇就是其中之一。作为一款针对年轻女性的美妆网红视频电商平台，小红唇主要采用达人向大众分享变美过程的形式推销产品。

适合团购的产品和服务

能够在短时间内聚集起一群兴趣爱好相同的人是直播的最

大特点，也是最大优势，电商可以借助这一点成功吸引一个有着相同需求群体，然后向这个群体售卖相应的产品或服务，这种情况实际上是一种新型团购，它和团购一样具有群体行为属性。因此，过去在团购（尤其是限时团购）中销量较大的产品和服务非常适合采用电商 + 直播这种营销模式。就像团购容易在无意中打造爆款一样，电商 + 直播同样可能成为爆款催化剂。

聚划算在这方面进行了有益的尝试：吴尊通过直播使惠氏启赋奶粉的天猫店交易额一小时即突破 120 万元；柳岩在直播中推销 6 款产品，其中枣夹核桃的销售额达 2 万多元，当时观看人数仅 12 万，能达到如此高的转化率可谓不错的成绩。相信未来聚划算以及主打限时特卖的唯品会都极有可能成为直播电商界的领头羊。

没有转化率，一切都是空谈

电商与直播之所以能在时代的推动下相遇、结合、协同发展，是因为二者的结合能使电商低成本获取流量并达到高转化率。

充分利用“名人效应”吸引用户

所谓名人，指在社会上或某一领域具有很大知名度和影响力的人，可以是歌手、影视明星、体育明星、作家，也可以是某一领域的领头人物，当然，也可以是网红。这些人都是 KOL（意见领袖），自带人气、关注、流量，如果电商能够邀请到这些人为自己直播宣传，这些人的人气、关注度自然而然地会被转移给电商。

当然，能请得起名人为其直播的，一般都不会是小网店，而是大品牌（见表 3–1）。

表 3–1 品牌 + 明星 + 直播活动案例

品　牌	明　星	直　播
唯品会	周杰伦	CJO（首席惊喜官）签约发布会
	刘恺威	采访
美特斯邦威	黄景瑜	新品发布会
美宝莲	杨紫	草莓音乐节
	Angelababy	代言人专访
野兽派	小 S	母亲节大片专访
NIKE	Selina	全国巡跑

对没有实力邀请名人直播的中小电商来说，不妨将目光投向网红，或尝试自己培养网红。培养网红当然也需要投入不少资金，但是一旦培养成功，节省下的请名人的费用和后期收益也是巨大的。当然，想要牢牢留住请来的或自己培养出的网红，必须有所行动，可以尝试打造主播→普通网红→大网红→明星的明确的主播晋升和盈利体系，以尽可能地留存优秀网红。

发掘更多电商直播场景

电商直播在优化用户购物体验吸引消费者方面优势明显，

但也存在拓展的空间。具体可以从以下几个方面尝试。

嫁接不同的生活场景。在进行直播分类时，引入具体的生活场景，比如可以分为“我要去约会，要如何化妆”“去聚会穿什么”“送给女儿什么礼物”“什么样的跑鞋更好”，这些生活化的场景更容易吸引消费者，增加浏览量，转化率自然会随之提升。

做有意义的公益直播。提到公益，总会有很多热心人支持，直播也可抓住这一发展契机，吸引消费者，提高转化率。比如，电商可以和公益活动方合作，利用直播的可移动性，直接到公益活动的现场进行直播，同时发布合作方式：每卖出一件商品，就会从销售额中提取一定比例捐赠给公益活动方，用于公益事业。这一方式无疑会吸引很多消费者，而且电商热心公益的诚意会提高其知名度和声誉。

搭建商城和直播间的虚拟场景。将电商直播和 VR 技术相结合，使用户在直播间购物的感觉就像在实体商场或步行街。这样的购物体验会吸引很多消费者，转化率自然得以提升。

利用多人直播，广泛覆盖精准人群

邀请多位网红或明星同时或接力进行直播，最大限度地覆盖精准客户群，从而提升转化率。

2016 年戛纳电影节期间，欧莱雅联合美拍直播推出了“零时差追戛纳”系列直播，联合巩俐、李冰冰、李宇春等明星进行直播（见图 4–6），展现明星们的台前幕后。结果令人惊讶：

图 4-6　李宇春参加“零时差追戛纳”系列直播

共 311 万人观看了直播，评论条数达到 72 万，点赞量更是高达 1.639 亿。

2016 年 6 月 18 日，来伊份举行 618 大促销活动，邀请 15 位网红分别在6个城市进行直播互动，主播们在直播中试吃食品、进行有奖竞猜活动、请观众扫码……活动 2 小时内就带来了 60 万的粉丝流量，实体店和网店销量均实现了翻倍增长。

越来越多的数据强烈地冲击着人们的眼球，多人直播所带来的效益（高知名度、高转化率）自不待言。

电商＋直播的深度融合

2016 年是直播爆发元年，也是电商 + 直播发展最为迅速的一年，我们可以看到一部分电商 + 直播（主要指第一种和第三种电商 + 直播模式）在技术上已经从之前的直播页面与购物页面分离，发展到了直播页面与购物页面可以自由转换衔接。

以淘宝为例，淘宝买家们在观看直播时，如果有中意的商品，可以点击下角的红色商品袋（见图 4–7），上面标有商品数量，单击就可进入购物页面，可以拉引着浏览所有商品序列，找到所需商品。商品序列页面只占整个页面的 2/3，同时直播的页面不会消失；单击所需商品，直播页面会变小后在右下角出现，你可以再看看商品详情，最后决定买或不买，操作简单方便。蘑菇街等购物网站的情况大同小异。这可以说是目前最为先进的电商直播营

图 4–7　直播页面下购物袋及商品数量

销模式了。

电商 + 直播的营销模式正向着深度融合的方向发展，这是其未来发展的大方向。要实现二者的深度融合，具体有哪些方法值得尝试呢？

开放直播权限

电商平台可以尝试开放直播权限，促进其与直播的进一步融合，这种方法是针对第一种电商 + 直播模式——电商平台增加直播功能而言。以淘宝为例，它可以开放更大的直播权限，比如取消“直播需要先申请再通过审查”的制度，甚至可以把直播设置为常规功能，就像“收藏”“加入购物车”功能一样，任何卖家只要愿意，就能随时随地直播，事实上这就是电商直播的普及和大众化。开放了权限，使用直播介绍商品，参与互动的用户多了，潜在客户自然增加，转化率也随之上升，电商和直播也能进一步融合。

开设买方直播功能

电商平台尝试开设买方直播功能，以促进其与直播的进一步融合，这同时适用于第一种和第三种电商 + 直播模式（见图 4–8）。

基于开放直播权限这一点，我们不妨再大胆设想一下：能不能也为买家开设直播功能？有研究表明，未来市场属于消费者决策型市场，在交易过程中，消费者掌握主动权。设置买家

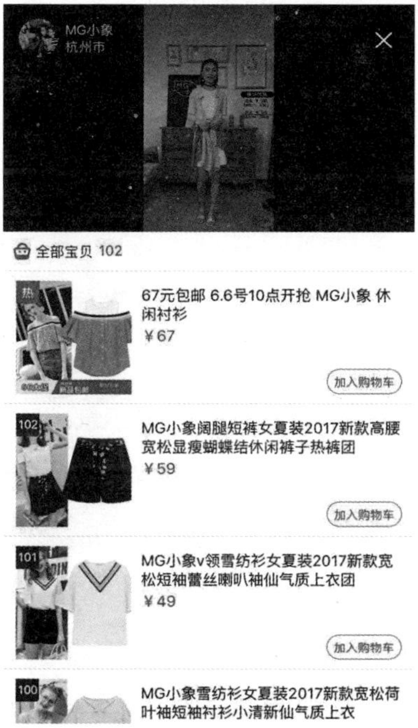

图 4-8　直播页面与挑选、购物页面并存

直播功能就是给用户主动权，自然会受他们欢迎。至于到底可不可行，能不能提升转化率，最终使电商获利，我们还不能确定，因为市场具有很多不确定因素，但不管怎样，这都可以作为一个尝试。当然，为了便于管理，关于买方直播的开放最好先设有限制，如先对等级最高的买家开放此功能，他们有什么需要可以在直播中提出来，然后有符合条件商品的商家可以与之联系，经过沟通、选择，最终完成交易。

这种方式有种私人订制的味道，但它有别于私人订制，因为它是从成品中“淘”商品，而不是真正的订制。所以，一旦有符合条件的商品，交易就能很快确定下来，无论在价格上还是在速度上，它都比私人订制更有优势。

2016 年“双十一”期间，天猫就把营销重点放在了个性化上，天猫运营团队根据用户偏好、方向、群体属性的不同，为用户推荐适合他们、最能激发他们购买欲的商品种类和会场，为每位用户打造“属于自己的双十一”，这次尝试极大地提高了商品转化率。虽然“双十一”结束后这个活动就随之下架了，但已经预示未来个性化的发展方向。

提升直播内容的质量

网络直播被称为“引流神器”，但是任何事物的发展都有上坡期和下坡期，由吸引流量到营造购买氛围，再到消费者实际购买，这个过程在一次一次的重复中会渐渐变得不那么有吸引力。预计消费者一时的新鲜感过去之后，直播的商品转化率会走下坡路，慢慢降低。为了最终留住买家，使他们成为忠实粉丝，电商的直播内容必须推陈出新，不能仅仅只是介绍商品，简单互动，而是要言之有物；不是用颜值而是要用智慧赢得关注。要知道，内容为王的金科玉律在直播上同样适用，电商直播只有具有内容才能真正“吸粉”且“留粉”，进而增加购买转化率与复购率。只有这样，电商与直播才可能在原有基础上深度融合。

有人说，这是一个看脸的时代。但真正有竞争力的明显从来不是颜值最高的，而是有个性、有内涵、有智慧、更专业的实力派。演艺界如此，直播的江湖也差不多。

在直播的蛋糕越做越大的社会大环境中，电商直播营销在深度融合的过程中日益完善，其凭借其高流量、强互动、注重体验等特点完胜传统电商营销。展望未来，电商 + 直播营销模式的发展壮大已经成为大势所趋。

案例　小米 Max：吸引千万观众的直播新玩法

2016 年 5 月 10 日，小米公司在北京国家会议中心召开夏季新品发布会，重点推出了小米历史上屏幕最大的手机——6.44 英寸的小米 Max。小米 Max 配备超大机身，内置一块 4850 mAh 的电池，除了大屏，小米 Max 还主打“待机时间长”。为了证明小米 Max 具有超长待机时间，发布会结束后，小米公司在 bilibili 直播开启了一场旨在突出小米 Max 超长持久续航能力的“小米 Max 超耐久无聊待机直播”活动。

直播开始时，小米 Max 手机被装好 SIM 卡，开启 4G 模式，开机设置成待机状态（不运行任何程序）放在桌上。这种状态将一直持续到手机电量耗尽，自动关机。也就是说，这是一场内容不定、时间不定、不分白天黑夜连续进行的实时直播。

直播过程中，不定时地有各路二次元达人作为嘉宾出现，做客聊天。工作人员随便选唱歌曲、漫无目的地聊天、临时起意地掰手腕、比赛吃鸡、发呆、吃饭、画画、打游戏、扎帐篷睡觉……简直可以用包罗万象来形容。有时直播画面中甚至空无一人，只留下直播间凌乱的现场和墙上“我们也不知道这次直播什么时候结束”等字样（见图 4–9 和图 4–10）。

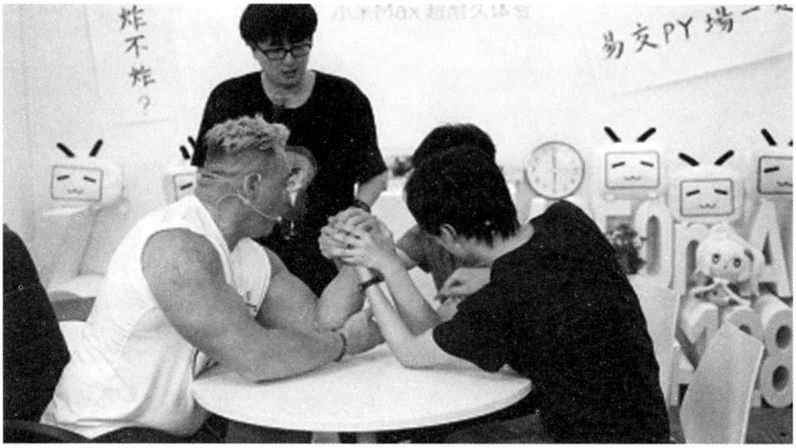

图 4-9　工作人员在直播中掰手腕

图 4-10　工作人员在直播中画画

一些网民认为小米的这次直播“非常无聊”，但也有一些人认为，无聊本身也是一件有趣的事。一位网友说：“虽然没什么意思，但我每天都看。”截至第 11 天，这场直播吸引了超过 2 000 万观众，观众们通过发送大量的弹幕表达自己对这次直播和小米 Max 的各种看法。

直播进行到第 13 天，工作人员对直播摄像头已经熟视无睹，可以非常自然地从它前面走过。直播绝大部分时间被无聊占据着，为了制造情节，工作人员想出各种怪招，他们把肯德基的纸袋挖了两个洞制成头套倒扣在嘉宾头上，他们让嘉宾直接上去把正在唱歌的主持人推下来……“我为什么要来这里做这个啊？”著名鬼畜视频 up 主 T20 在直播的时候无奈地感叹。

如此漫长又无聊的直播，仍然有很多人观看。据统计，该直播每天吸引超过 200 万独立访客参与，在日常流量较高的时段，同时在线人数通常超过 10 万，即使在深夜一两点，也会有一万多人在线。小米在直播的过程中还会时不时地从参与互动的观众中抽出幸运儿送小米 Max 手机，被刷爆的弹幕基本上都是关于小米 Max 的（见图 4–11）。

5 月 31 日，这场“旷日持久”的无聊直播终于宣告结束。31 日上午，小米手机官方微博宣布小米 Max 全程待机 17 天 21 小时，弹幕讨论总条数突破 3.17 亿，独立访客接近 3 000 万，共送出 2 238 部手机。

那么关键问题是，这次直播到底影响到小米 Max 的销量了吗？让我们看一组数据：5 月 17 日上午 10 点，在小米 Max 的首

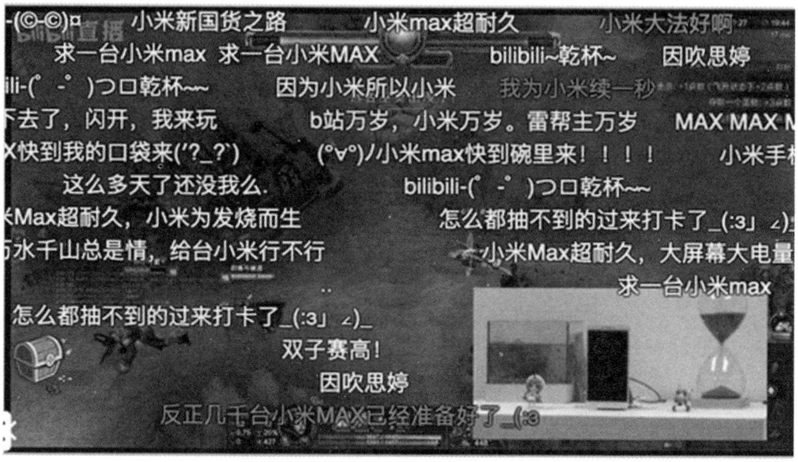

图 4-11　直播中的弹幕

轮开放购买中，首批供货的 10 万部手机几分钟内即抢购一空，预约量远超 1 500 万，上市两个月内，销量突破 150 万部。

两个月销售 150 万部，6 寸以上的同类大屏手机最高销量是每年 30 万部。

小米的这次直播营销让更多的人通过这个直播了解了小米 Max 与小米公司。复盘这次直播营销，我们发现有三点值得学习。

顺应潮流，与时俱进。2016 年 5 月，正是直播发展得如火如荼，各个行业都尝试与直播合作以实现低成本获客。小米顺应了时代发展的潮流，选择当下炙手可热的直播方式进行宣传营销。这是其成功的基本依托。

以创新吸引观众。小米的这次直播宣传的创新之处恰恰在于直播的超长性。新媒体发展繁荣的今天，直播已经不是什么新鲜字眼，但是一场具体内容未知、结束时间未知的超长直播对人们具有非凡的吸引力。普通的、时间有限的直播绝不会吸引近 3 000 万人围观，也不会具有那么大的宣传作用。

选择合适的直播平台。此次直播的宣传对象极为明确，选择了较为合适的直播平台 bilibili 直播。bilibili 作为知名网站，拥有庞大的年轻观众资源，75% 的用户年龄在 24 岁以下，男女比例相对均衡。该群体正是小米的主要宣传对象。选择 bilibili 作为直播平台以挖掘大量潜在客户，这是小米这次直播营销成功的关键。

第五章

金融 + 直播：与一线专家互动，感受投资的魅力

金融产品的销售难度众所周知：给客户打电话往往会被拒接，去客户家拜访容易吃“闭门羹”，微信宣传经常遭遇“拉黑”……

以往的沟通方式对复杂的金融产品销售产生不了新的推动作用。怎样摆脱金融产品的销售困境，目前一些公司已经摸索出金融 + 直播的路径。

直播为金融带来无限可能

一面是越来越多的金融公司积极拓展全新的营销方式，另一面是直播产业越来越深层次地向垂直细分领域延伸，当双方的努力汇聚于一处，“金融 + 直播”这种全新的营销方式就诞生了。

当直播间的主播从浓妆艳抹的网红变成正襟危坐的财经专家，直播开始向更具实质内容的方向发展。目前已有一些思维活跃、风格大胆的金融机构为招徕客户，开始利用金融直播、网红宣传等方式推销金融产品。当金融也参与到了“直播 +”的新游戏中，直播又能为传统的金融业带来哪些变化呢？

事实上，金融产品的内容自身就具有较强的可直播性，金融与直播结合的历史也比较“久远”。早在专业金融直播平台问世之前，在各类金融主体（如券商、财经媒体）上就已经出现少量电视直播，例如很多股民耳熟能详的央视财经频道王牌财经直播栏目《交易时间》。而真正让业界认识到网络直播也可以和金融完美结合的，是中国平安和微吼直播的一系列直播实践。

平安集团作为保险行业最重视产品营销方式创新的公司，一直对直播这种宣传方式情有独钟。2015 年起，平安集团先是把车险用户见面会、平安用户新产品发布会等活动放在直播平台进行直播，利用新媒体扩大产品影响力。接着又在2016年“818财经网红节”期间，第一次将平安集团的中报业绩发布会以直播的方式呈现。在发布会直播的过程中，平安集团邀请《华夏时报》总编辑、知名金融专家水皮和人气女主播吴成香搭档做主播，专家和美女的新奇组合吸引了大批观众观看、参与互动。

如果说平安集团是从金融公司的营销需求出发进行了金融直播的一系列尝试，那么微吼直播则从直播的角度对金融 + 直播的营销模式进行了专业细化。

作为国内较早出现的专门针对“B 端”客户的直播平台，微吼直播还是金融直播的先行先试者。早在 2015 年 11 月，微吼直播就正式启动了“金融直播间”，意图为金融公司和财经主播提供直播所需的整体技术支撑。作为金融直播服务市场的元老，微吼直播在短短几年的时间里已和齐鲁证券、乐视财经、国泰基金、今日财富集团等行业领军者进行了金融直播方面的合作。在为广大金融公司量身定制直播节目的过程中，微吼直播的直播业务得以壮大。很多金融机构更是通过微吼直播这个专业的直播平台推动了产品的对外营销活动，优化了金融产品的布局。

上述两个案例分别从金融公司和直播平台的角度阐释了金

融 + 直播这种金融产品营销的新玩法。直播不仅深受时下年轻男女的喜爱，自带传播优势的直播同样是金融公司眼中的“香饽饽”。对金融这种专业性极强的行业来说，通过直播进行自身内容更新和产品营销模式变革的大门早已开启。

金融直播的兴起不仅仅是为直播平台增加了一项直播内容，其产生的影响实际上已经扩展到了机构、客户等所有金融行为的参与者（见图 5–1）。

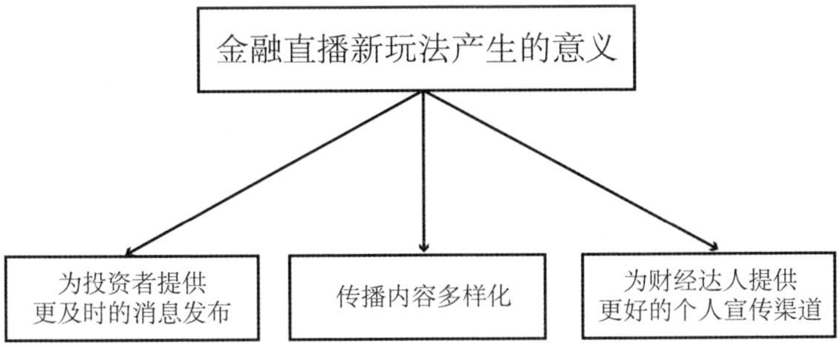

图 5–1　金融直播新玩法产生的意义

为投资者提供更及时的消息发布。股票、期货等金融产品的信息随时随地都在更新，所以这些金融细分领域对时效性的要求极高。而通过金融直播，世界各地的金融产品投资者都能在第一时间获悉自己买入的金融产品的相关信息，直播可以实现财经信息同步性与及时性的完美结合。另外，金融直播还可以在风险到来之前及时为客户预警，从而避免不必要的损失。灵活、及时的操作建议传达效果对瞬息万变的金融市场有着不言而喻的意义。

传播内容多样化。相较于常见秀场直播单一的呈现功能，金融网络直播可以根据投资者的需求，在实现高清流畅画面的基础上，设计并提供更丰富、更具特色的功能，例如录播回放、K 线图演示、在线问答、数据实时汇总、电脑自动生成操作建议。这样不仅可以更及时地贯彻专家的操作建议，提高投资者的操作效率。清晰直观的视频画面还能够实现线上客户和现场专家的实时沟通，瞬间消除了场内和场外的隔阂，有利于形成一个对金融投资者至关重要的金融情报高效率传达的空间，这一切都离不开直播固有的技术优势。

为财经达人提供更好的个人宣传渠道。金融在线直播为“财经达人”开辟了一条快速获得拥趸的通道。不管是个人风格鲜明的金融专家，如吴晓波、马光远，还是在某些特定金融领域拥有出色业绩和独到见解的民间投资者，如徐小平、花荣，都可以利用直播进一步提高社会知名度和关注度。利用直播这一新颖、实时、双向的传播方式，任何财经达人都能和投资者、粉丝实现亲密互动。

从目前的市场反应看，在线金融直播能让金融机构和投资者进行一对多的“面对面”沟通，直观地获得客户的反馈和互动。随着这种玩法的花样更新和不断深入，金融直播必将引领未来金融行业宣传营销的风潮走向。

知识型网红：让投资更有“钱景”

随着“你不理财，财不理你”的观念深入人心，很多有闲钱的人开始意识到理财的重要性，但由于欠缺相关财经知识，再加上对变幻莫测的金融市场不甚了解，很多本来有理财想法的人最终无奈地对金融市场望而却步。而在线直播具备的实时性和互动性，能最大限度地消除金融机构和投资者之间的信息不对称，促使投资者从心动到行动。

在直播中，投资者在充分了解金融产品的基础上对于金融投资能够做到心中有数。与此同时，各类金融机构利用移动直播，特别是专家直播，可以吸引更多的投资者，扩大客户规模。可以说，无论是从金融机构的角度看，还是从投资者的角度看，金融 + 直播无疑都具有极大的发展潜力。

西装革履、不苟言笑的金融界和热闹喧嚣的直播圈看似是八竿子打不着的两个领域，但当平日里只能在财经媒体和网站上看见的财经大咖出现在直播间，并正儿八经地为投资者提供金融服务时，金融直播便具备了其存在的合理性。

实际上，未来的金融直播绝对不会止步于目前在金融营销市场的这一亩三分地，在内在逻辑的驱使下，金融 + 直播还会继续向多维度、深层次的方向全面发展。而金融 + 直播的前景之所以如此巨大，主要有以下三点。

能提供给投资者最直观的信息。“眼见为实”，人们本能地信任看得清的具体事物，面对复杂的、抽象的事物，如果没有具体的物体做载体，人们就很难产生真正的认知，更难产生信任。金融恰恰是比较抽象的、难以具体描述的东西，所以长期以来人们对金融的认识往往是一知半解，未能知悉全貌。这也阻碍了金融产品的销售。金融直播作为目前最接近面对面沟通的互动方式，首先在感性上带给投资者极大的安全感，其次提供给投资者和金融专业人士更深入交流的平台。在直播间，所有人都可以畅所欲言、各抒己见，在讨论中，任何一方都能够便捷地获取自己想要的内容。不仅如此，直播的直观性使观众对金融机构的内部一览无余，这样可以让一部分优秀者脱颖而出，获得投资者的支持和信任，有利于整个行业的优胜劣汰。

顺应了普惠金融的趋势。从现在人们的日常生活就可以看出，金融行业已经与每个个体息息相关，每个个体同样需要通过保险、银行等金融机构的服务增加自己生活的福祉。金融+直播的模式打破了关键金融信息只在专家和机构、大户等专业投资人之间流通的状态，使普通人也拥有了深入学习金融专业知识、了解最新市场动态的机会。这不但使金融产品在“草根群体”中推广成为可能，更为强化大众的理财意识、扩大金融产品潜在的用户群提供了契机。

推动了金融机构的转型。金融直播的出现不仅为实体金融机构和互联网金融公司提供了全新的产品营销重要渠道，更在一定范围内促进了广大金融机构的转型。在很多业内人士看来，金融 + 直播的模式不仅有效避免了以往分析师、研究者只能从个人角度单方面发表研报的片面性，而且解决了操作建议发布时间延迟的弊端。金融直播可以让金融机构的发布主体更为靠前，同时减少了很多不必要的宣传环节，在对营销部门进行合理瘦身的同时，有利于金融机构投入更多的精力吸引更多的用户。

从晦涩难懂到通俗易懂，从高高在上到平易近人，直播让原本只有所谓专业人士才能“玩得转”的金融产品一下子拥有了广泛的群众基础。这不仅是金融知识普及化的市场需要，而且顺应了直播的发展趋势：在早期萝莉、御姐火遍整个直播秀场之后，直播的卖点必将向知识型网红方向转移。面对逐渐壮大的理财大军，任何从事金融直播业务的个体都可以自信满满地说：金融 + 直播有“钱景”，更有前景！

他山之石，可以攻玉

金融类直播平台的兴起为广大金融投资者提供了一个能够随时和操盘高手沟通互动的机会。平台上往往拥有众多操作风格各异的资深专家，投资者在直播平台上可以根据投资习惯选择自己欣赏的老师并开展具有针对性的学习，这样可以大大提高投资者的成长速度。下面介绍 5 家专注金融直播的平台。

牛人直播

牛帮主牛人直播上线于 2016 年，目前主要提供金融资讯、投资建议等服务，直播内容全面涵盖金融领域。牛人直播聚集了大量独立财经专家，力图为投资者提供金融信息一站式解决方案。

牛帮主牛人直播主要面向广大中小投资者，平台的分析师会认真分析中小散户的实际需求，做出具有针对性的个股推荐。相较于其他金融直播平台，牛人直播最大的优势在于其独创的能够追溯的分析师“准确率”档案。你“牛”不“牛”，不是你说了算，也不是平台说了算，是你的历史成绩说了算。所有历史成绩都得保留在档，供用户随时查找。

阿牛直播

阿牛直播汇聚了蔡钧毅、左安龙、石天方等国内著名财经专家（见图 5-2），采用的是每个交易日 16 小时直播、24 小时循环播出的形式，目前已覆盖手机、电脑和电视三大传播载体，并能够实现全球同步直播。

阿牛直播已经开通的特色栏目包括点掌财经（金融直播互动）、股票智投（专家炒股，智能化投资顾问）、牛金大学（专业金融视频教育频道）和砖家团（投资者互动社区）等。

投资者每日不仅可以在阿牛直播实时观看金融直播节目，还可以和金融专家实时交流，让专业人士为自己答疑解惑。

图 5-2　点掌财经节目宣传图

橙牛 TV

橙牛 TV 是中国一家专门针对投资者需求成立的公益性资讯交流平台，该平台由深圳橙牛在线网络科技有限公司和大连华讯投资股份有限公司共同出资建立并运营。

橙牛 TV 下辖证券直播、联合创始人、天御资本三个细分频道，为中国投资者、公司高管提供全方位、多维度的投资建议。此外，橙牛 TV 还提供包括金融资讯交流、资源对接、商业渠道拓展等即时网络视频直播服务，力图创建一个投资者、公司高管、金融机构、青年创业家相互之间进行资源整合的金融生态圈。

橙牛 TV 的主播大部分都是在投资界颇具影响力的大佬级人物或在社会上已经创出名气的草根技术达人。

知牛财经

知牛财经是在国内直播界上市公司欢聚时代官方发布的证券牛人互动直播平台，知牛财经汇集了中国排名靠前的股票操盘手、实战分析师，利用在线直播的形式，为投资者提供股票操作指导。

知牛财经于 2015 年 9 月 13 日正式上线。作为 YY LIVE 在二级细分市场积极探索的典型品牌，知牛财经继承了 YY LIVE 一贯的草根化、平民化直播共享理念。现在，在知牛财经上每个交易日都有多达 500 个频道同时直播股票节目，每日都有超过 100 万投资者网上听课、交流。

黑石直播

黑石直播的主要投资对象不是个人而是公司，主要为投资公司提供网络视频课程。该平台通过在线直播的方式实现了主播和公司高管的网络互动交流。

黑石直播的题材主要涉及证券、基金、期货等金融细分领域。现在宣称已经成为中国用户最多的企业型在线直播平台，专业的定位和先进的技术构成了黑石直播在金融直播行业独特的竞争优势。

授人以鱼，更要授人以渔，在金融直播平台的帮助下，投资者不仅可以获得专业的操作建议，而且能从专家口中学到最先进的操作技术。以上 5 家形象各异的金融直播平台无疑是金融营销直播化的进场先锋。在经济新常态的背景下，金融产品的营销也出现了新常态：投资者对金融产品的认识越来越理性，同时对金融专业知识的获得途径要求也越来越多样。

在资本风口中出现的这些金融直播平台正好适应了这种新常态下的金融营销特点。在金融直播这片蓝海，一些率先走出一步“先棋”的公司必然能够在金融直播这片尚处于价值洼地的领域抢得先机。

精准打击：直击客户内心的营销战法

放眼当今金融界，大部分金融机构由于受到旧有观念的影响且缺乏经验，并不能在短时间内摸索出一个立竿见影的金融直播运营模式。为了帮助广大金融机构少走弯路，尽快理清金融直播的营销思路。本节将结合具体的案例，归纳总结一些已被证明行之有效的金融直播战法，希望这些成功案例能够为意在开展金融直播营销的互联网金融公司带来一些启发。

信息发布直播

互联网金融公司做好信息发布，既符合法律法规要求，又可以强化投资者的信任感。以往邀请投资者亲临现场的方式由于受到地域的限制，一些客户并不能参加。而在线直播与互联网金融结合，使互联网金融公司信息披露产生的效果得以作用于几乎所有客户。

2016 年 6 月 21 日下午 5 点，麻袋理财通过映客直播发布了公司的有关信息，吸引了超过万名网友在线观看。在直播间，麻袋理财不仅向观众展示了公司的办公场所，还请多名高管现场解答了观众的疑问，同时公司客服人员为观众演示了公司信息发布的查询方式。

品牌推广直播

树立企业在用户心中的良好形象无疑是所有互联网金融公司在宣传营销过程中都很注重的方面，品牌的美誉度是竞争力的重要组成部分。在线直播是互联网金融公司宣传品牌的绝佳媒介。互联网金融公司可以通过新品发布、公司乔迁、行业比武、成交量破亿庆功等活动的直播向外界宣传品牌价值。

2016 年 10 月 17 日，牛帮主牛人直播举行了行业首届操盘达人争霸赛（见图 5–3）。这次行业比武采用了“在线直播平台报名 + 客服专线报名”同步招募参赛选手的方式。竞赛共招募了 10 名股市专业操盘手和 10 名民间股市达人，以铜、气、银三大大宗商品作为交易品种，运用主办方提供的 500 万元启动资金进行投资操作。比赛历时 30 天，并通过牛帮主牛人直播平台进行全程实时直播。这场比赛在投资界引起了广泛关注，实际直播同时在线观看人数一度过万，这场直播为牛帮主牛人直播收获了极高的品牌曝光度。

图 5-3　牛帮主牛人直播举行的行业首届操盘达人争霸赛宣传图

网红代言直播

邀请网红代言以聚拢人气，从而扩大客户规模是现在互联网金融公司开展直播营销的一种常见手段。借助当红主播的推荐，或是请知名主播直接讲解理财知识，可以实现互联网金融公司和直播平台之间用户的互联互通。也有些互联网金融公司干脆直接请自己的客户在直播间现身说法，分享理财心得，用这种方式直播进一步增强相关金融产品的可信度。

2016 年 9 月 5 日，期货投资品牌微期宝力邀请 14 位花椒直播当红主播开展“微期宝超级期货王大赛”直播活动。在长达两个多小时的直播中，14 位人气主播不仅向观众直观地展示了各自模拟账户的真实数据，讲解微期宝的开户流程，还与粉丝热烈地互动交流。异彩纷呈的才艺表演有效调动了观众的积极性，最终这场直播吸引了超过百万观众围观，关注微期宝公众号的人数也大幅增加。

财经专家直播

财经专家直播可以消除观众和专家的身份隔阂，实现即时高效的互动。这不仅能提升互联网金融公司客户的活跃度，而且能让互联网金融公司为自己的客户提供更有针对性的理财服务。专家在直播间面对面地为观众推广理财产品更易使观众接受公司的理念，有利于增加用户黏性，提高品牌忠诚度。

2016 年 5 月 31 日，微吼直播为金策黄金定制的黄金直播间正式发布（见图 5–4）。金策黄金直播每日都会有针对性地点评当天股市和贵金属市场的行情，并给出操作建议。金策黄金直播的内容分为两个部分：一部分是针对金策黄金客户做的专业交易直播，另一部分是针对非金策黄金客户做的

图 5–4　微吼直播为金策黄金专门定制的黄金直播间

投资建议直播。专业的讲师队伍和全面的直播终端覆盖，让该栏目受到众多股民的追捧。

客服沟通直播

营销不仅是要吸引新客户，还要维护老客户。目前已有一些互联网金融企业通过直播开启客服和客户之间的互动，及时回复客户提出的问题，不仅可以提高服务水平，还能让客户对金融公司有更全面的了解，有利于深度开发老客户。

2016 年 7 月 28 日，有利网的客服人员利用直播平台和理财客户开展了有奖互动活动。其间，客服人员通过细致的讲解消除了很多客户的疑虑，例如：提现多久到账？收不到短信验证码怎样处理？如何查看电子回执？这场直播中，有利网不仅通过正面回应帮客户解决了细节问题，避免了不必要的误会，而且从客户那里获得了很多有用的信息。

目前采用在线直播的模式进行营销推广的互联网金融公司越来越多，有的金融直播甚至能够吸引数百万观众，其影响丝毫不亚于传统的秀场直播。以上营销战法只是当今直播营销战法中的一部分，但从这 5 个案例中，我们已经可以清晰地看出互联网金融 + 直播模式在实践中的具体脉络。

互联网金融公司在借鉴上述成功案例的过程中切勿生搬硬套，应当做到因地制宜，并有所取舍。对新媒体的认识和开展直播营销的目的各不相同，“我之蜜糖，彼之砒霜”的情况在营销实践中并不少见。

信赖源于专业

直播可以改变金融的面貌，但是不能改变金融的本质，信用和风险控制始终是金融从业者和投资者关注的重点，而优秀的信用管理和良好的风险控制离不开专业的金融手段。从这个意义上说，金融公司要想直播营销发挥更大的功效，就必须在直播中持续地为投资者提供确凿有用的信息，而不应当着力于哗众取宠的表演。一句话，金融行业直播营销还得比拼专业度。

直播营销对任何行业而言实际上都只是一个工具，金融行业也不例外。各金融公司在金融直播营销实践中应当始终为用户提供实用、可靠、优质的信息，保持直播在专业领域运行。这其实是由金融直播的实质、特点和观看目的决定的。

金融直播的实质——沟通平台

金融直播的实质在于在网络时代的大背景下以金融产业为市场着力点为投资者和专业人士搭建一个直接沟通、自由决策、共享经验的平台，同时维护投资者和专业人士双方的利益。

投资者看金融直播是为了获得有价值的投资信息和专业建议，金融公司开通金融直播是为了传递金融资讯并推广旗下的金融产品，双方都把直播当作桥梁，意在从对方那里获取价值，那么直播只需发挥好自身的平台作用即可，华而不实的环节只能引来观众的反感，切实有效的沟通才能获得认可。

金融直播的特点——更注重内容

与常见的秀场直播对表达形式的重视不同，金融直播更注重内容。这首先是因为金融品牌的产品信息并不像文娱、游戏、体育等方面的直播题材那样需要及时的互动，观众或者说广大投资者更需要的是专业的讲解和值得信赖的推荐，对金融产品（如股票、期货）的操作是由观众自行完成的，并不需要财经主播越俎代庖。

金融直播的观看目的——赚钱

用户看金融直播的最终目的不同于秀场直播，看金融直播是为了赚钱，看秀场直播则是娱乐。专业而优质的内容也许不能吸引那些简单追求新奇刺激的观众，却能为金融公司聚拢真正为金融产品埋单的客户。

石头网全称是石头理财教学网，该网站于2009年年初上线，隶属于麟龙科技有限公司。石头网目前下辖4个细分栏目，包括视频点播、互动直播、黄金讲堂、视频新闻，涵盖了证券、期货、外汇、贵金属等多个投资理财细分领域。

石头网的互动直播邀请了几十名金融专家当主播讲授理财课程，其中包括以邱一平为代表的专业分析师团队，台湾大学、苏州大学、复旦大学等多家知名院校的教授讲师，以及长江证券、安信证券等多家券商的金融专家。据统计，石头网每节直播课程平均可以吸引5万名观众同时观看，实际转化率接近20%。

金融直播风头正盛，网红炒作对金融行业而言也确实能起到一定的吸睛效果，但是金融产品之间的竞争并不仅限于知名度方面，实际收益率、可靠性以及抗风险能力等都是客户选择金融产品的重要因素。而要想将金融产品的优势全面展示给潜在客户，必须靠专业的人员和专业的手段。不论是对传统金融公司还是互联网金融公司来说，要想让自己的直播营销在行业中独树一帜而不是昙花一现，就必须苦练“内功”，以扎实专业的内容优势面对眼界日益开阔的投资者。

当然，金融公司开展直播营销时不可避免地要在宣传过程中加入一些娱乐元素，但是这些娱乐元素只能作为金融产品推广的点缀，不能喧宾夺主改变金融产品的真实面貌。金融公司实践金融 + 直播模式的过程中不能“登高去梯”，为了追求节目效果背离金融的专业性。当金融公司通过实实在在的专业直播为观众带来“真金白金”时，才能真正获得客户的肯定，整个金融行业才能在直播平台上实现长足发展。

案例　牛帮主：直击互联网金融用户的痛点

2016 年 10 月 17 日，牛帮主开展了金融行业第一届操盘达人争霸赛。这场比赛以精铜、燃气、白银等大宗商品作为主要交易标的，采用的交易机制为 CMT 模式，在牛帮主平台全程直播。最终，这场直播吸引了百万用户观看。

牛帮主是一家主要面向广大股民的在线直播金融平台。2016 年年初，其创始人鲍宗江明确了发展方向——金融行业在线直播服务；2016 年份，金融服务平台牛帮主正式运行。

牛帮主目前已经实现了手机端、网页端的全覆盖。这两个载体中所发布的内容基本相同，手机端内容可以被理解成网页内容的精华版。

点开牛帮主的网页，可以看到“热门直播”栏目（见图 5–5），包括真人直播、在线问答、图形解析等，注册登录后可以免费看直播课、录播课、在线讲解。在“热门直播”下方的是滚动的“最新锦囊”，用户可以在这里查看感兴趣的锦囊的收益情况。如果觉得该锦囊满意，用户可以付费购买锦囊。

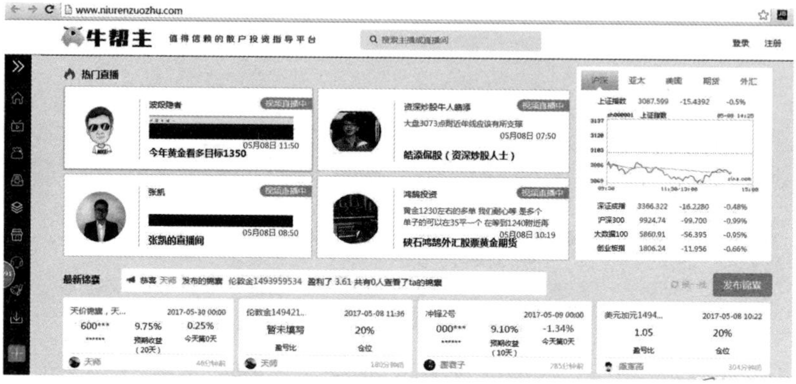

图 5-5　牛帮主平台的部分页面

牛帮主瞄准的是散户股民老生常谈的痛点——“买不准、卖不准”。针对这一痛点，牛帮主先是对平台上的分析师进行了一番梳理，留下信誉高的独立分析师，这样做是为了避免某些人和金融机构合谋坑害散户利益。此外，牛帮主建立了全程可追溯的分析师“成功率”档案。最后，牛帮主还设计了精准到具体投资品的“推荐锦囊”。通过这三种方式，牛帮主力图解决困扰广大散户多年的信任难题。其中，“推荐锦囊”的设计凸显用户思维。

金融行业与直播等新媒体结合，早在 2015 年就已经显露端倪，但是金融本身的内涵极为广泛，除了证券，还有保险、银行、信托等多行业，若将这些行业所涉及的市场主体都考虑在内，将是一个非常复杂且庞大的体系。若在金融中追求“大而全”的定位，显然不合适。牛帮主选择开发股票与贵金属投资的在线直播，对用户群体进行了取舍。这有利于集中资源、有的放矢、拓展深度。

在“内容为王”的年代，任何直播平台想要获得长久的用户忠诚度，都必须持续提供优秀内容，对于向来推崇专业性、有效性的金融行业来说尤为如此。牛帮主在内容建设方面上，要求讲师突显专业性，在对用户提出投资建议的同时，还要说清楚投资的逻辑，并对预判的收益情况做出了量化计算，让用户在操作的时候能做到有据可依。

在给出最初的操作建议之后，牛帮主的讲师还会在直播中时刻关注市场情况，并根据实时的环境变化为用户提供动态的操作建议或预警。这种将静态管理、动态管理结合起来的内容，可以提高金融类直播平台的时效性。

第六章

餐饮＋直播：看得见，吃得更放心

随着现代人的生活逐渐线上化，餐饮行业也从线下实体转到了线上网络，例如近几年迅速火爆的在线外卖行业，但是这些新型的网络餐饮业态并不能解决实体餐饮业的问题。地沟油、黑作坊、乱用添加剂等行业隐忧在网络时代的餐饮业中仍然存在。这时，更加透明、更为公开的餐饮营销宣传方式——餐饮直播，便应运而生。它在解决行业内不确定性问题的同时，也让餐饮这个古老的行业重新焕发了市场活力。

顾客导流的全新接口

2016 年 6 月 15 日晚，张天一开通了伏牛堂官方推出的首档直播美食栏目“做粉吧，喵星人”。直播的内容主要是张天一教一只猫制作湖南牛肉粉。这只猫有一个有趣的头衔——“伏牛堂办公室主任”沈万三。在整个直播过程中，一边是张天一卖力的宣传推广，另一边是猫咪沈万三无可奈何的叫声。

这场直播在网上反响热烈，临近结束时，累计吸引将近 80 万人次观看，收到的打赏总计超过 9 000 元。在新浪微博中关于“做粉吧，喵星人”的浏览量超过 600 万，“伏牛堂办公室主任”沈万三还一度登上了微博萌宠榜冠军位置。

线上的热度直接带动了线下的销售，经过两个小时的卖力推广，再加上萌宠的助阵，伏牛堂当晚的米粉销量高达 3 000 盒。

实际上，餐饮直播对于广大餐饮企业的意义和价值远远不是增加产品的销售额那么简单，餐饮直播营销的作用至少体现在以下 4 个方面。

加快营销信息的传播。通过短时间且集中的线上直播，把餐饮人或者餐饮品牌推荐出去。消费者无须亲自到店了解，只需在手机或电脑上进入餐饮企业的直播间就可以便捷获取企业的活动内容，技术的进步大大缩短了信息传递的过程，将餐饮企业的营销信息更及时地传达给消费者。

扩大宣传受众规模。和散发传单、门店广播等传统的营销推广方式相比，餐饮直播营销能在极短的时间里聚集更多的潜在消费者，这些潜在的消费者不仅包括了解店家的回头客，还包括只闻店名但从未实际体验过的人，甚至包括其他城市的观众。这样一来就扩大了宣传的受众规模，不但能提高餐饮企业的知名度，而且能帮助餐饮企业招徕更多的食客。

获得消费者全面真实的反馈。在以往的营销方式中，餐饮企业往往只能听到自己的吆喝声，很难获得消费者全面真实的反馈。盲人摸象式的营销不仅浪费资源，还无法直击人心。直播营销恰恰具有双向互动性，不但能让餐饮企业随时取得最直观的反馈，便于对所采用的营销方式及时查缺补漏，还能从消费者那里获得更多有价值的信息，使企业的经营改善从营销一个方面扩展到生产、人事等多个方面。

优化企业营销模式。一方面，直播营销增加了餐饮企业对外宣传的渠道，可以避免企业在营销模式方面的单一性，防止企业后期因某种宣传手段失效而导致业绩下滑；另一方面，直播营销所具备的直观性和网络性能够大大简化营销过程的中间环节，使餐饮企业得以在营销中摒弃多余的步骤，这样不仅能大大降低营销成本，而且间接地提高了运行效率。

品牌定位：你的餐厅适合直播营销吗

并不是所有的餐饮企业都适合开通直播，那么究竟哪些适合呢？

垂直餐厅

垂直餐厅的行业定位十分准确，其自身就具备吸纳消费者资源的优势，也具备深入挖掘的潜力和价值。当前，垂直餐厅在餐饮业内已占有一席之地，且其绝大部分顾客忠诚度较高。垂直餐厅的活跃性强，因为大多数顾客是基于共同兴趣爱好聚集而来的食客，交流的话题更容易相互接受。因此，垂直餐厅非常适合采用直播营销。

2016 年 6 月 25 日，外婆家创始人吴国平为了宣传自己的品牌，在其新开的全虾馆品牌“你别走”亲自上演了一场网红直播秀。直播一个小时内便发出了 400 份口令红包券，成功吸引了众多粉丝的关注。

直播的本质就是通过优质内容输出将一群有相同兴趣爱好的人聚集在一起，就这一点来看，直播和垂直餐厅十分契合，垂直餐厅可以借助直播吸引更多志同道合的食客，从而实现餐厅快速有效的传播。垂直餐厅借助直播营销手段能够获得更多流量，使餐饮企业的品牌形象根深蒂固。

特色餐厅

特色餐厅的主要消费者大都为 90 后，这一消费精力最旺盛的群体也是互联网使用主体，直播平台上的用户也与这部分群体基本吻合，因此，从目标群体上看，特色餐厅选择直播这一营销手段是比较适用的。

特色餐厅本身别具一格且带有一定的话题性，这样的餐厅通常更容易通过直播吸引一批有相同兴趣爱好的群体。此外，直播本身也具有较强的话题性，两者的结合在一定程度上最大化话题性和视觉冲击力，这无疑会吸引更多食客的关注，提高人气和流量。

同时，特色餐厅往往提供便利的网络服务、柔美的灯光设计等，这些不仅满足了食客对饮食环境的要求，还为直播推广提供了足够便利的条件。

新兴餐厅

直播成本低、门槛低等特点使得新兴餐厅可以毫不费力地运用这一手段推广。同时，直播营销是一种通过广撒网的形式吸引目标群体的营销方式，这种方法简单快速，非常适合进入餐饮行业、急需快速及时开拓市场获得一定消费群体的餐饮企业。

新兴餐厅是一种全新的状态，食客对它尚无评价，其最需要就是一个有效的营销渠道吸引众人的关注。而直播是一种一对多、口耳相传的营销模式，通过直播能够更具体、更生动地将餐厅的真实场景输出给观众。新兴餐厅正需要这种真实的有直接体验的口碑推广，才能积累一定量的消费群体。另外，新兴餐厅通常会开展各种优惠活动，非常适合通过直播向其精准客户发放。

如对直播营销利用得当，既能有效避免传统宣传广告模式中过高的成本，又能有效地抓准食客，甚至可以零成本快速及时地达到目的。但需要强调的是，任何时候，质量都是餐饮企业吸引顾客的最佳保障，直播只能作为一种营销手段增加餐厅的曝光度，真正留住食客的还是餐厅菜品和服务质量，只有这样才能吸引真正有价值的用户。

策划先行：聚焦核心优势

餐饮业早就告别了“酒香不怕巷子深”的年代，在互联网和餐饮业深度融合的今天，餐饮企业须正视网络营销的作用。要想在互联网时代继续生存和发展，餐饮企业要尽早谋划，积极研究并投入直播营销当中。

餐饮与每个人的日常生活息息相关，所以餐饮店直播内容的选取也应尽量“接地气”，同时随着食客对餐饮体验需求的不断升级，餐饮企业直播内容的范围也在向更高、更广泛的领域和层面拓展（见图 6–1）。

从目前餐饮行业所处的发展阶段和现有的技术条件来看，餐饮直播内容的策划适合从以下 5 个方面着手。

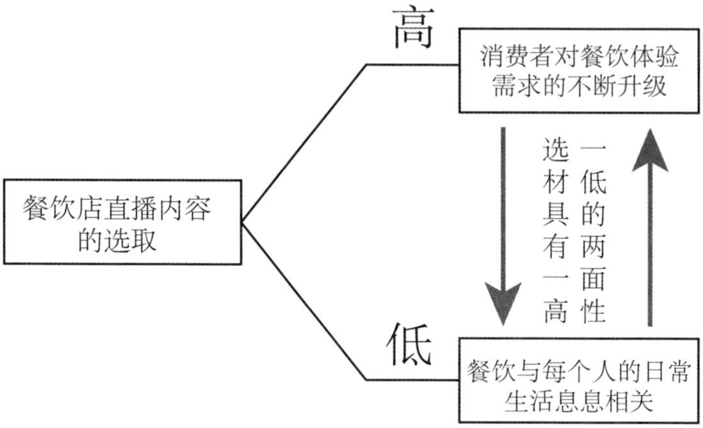

图 6-1　餐饮店直播内容的选取

文化直播：菜肴的历史

中华饮食文化博大精深，不同地区的饮食有着独特的文化积淀，地方特色菜肴正好是当地文化历史的重要载体。中国目前有川菜、粤菜、苏菜、闽菜、湘菜、徽菜、鲁菜、浙菜八大菜系，任何一个都有足够的话题可讲。如果从各地的实际出发，那么可讲之处就更多了，因为在这八大菜系之外还有更多的细分菜品类型，如东北菜、客家菜、潮汕菜、本帮菜、淮扬菜、晋菜，不一而足。它们是饮食文化的瑰宝，也是餐饮企业开展直播的优质素材。

餐饮企业进行文化直播时，可以邀请一些美食专家，一边品尝一边讲述有关菜品的历史典故。观众受到饮食文化熏陶的同时，直接提升餐饮店的格调。

特色表演直播：丰富就餐体验

不论是国内的食品还是国外的食品，制作过程和步骤本身就具有极高的观赏价值。兰州牛肉拉面、山西刀削面、四川大壶茶、北京烤鸭、法国面包这些蜚声世界的美食都有独特的制作过程，如果餐饮企业有意识地将这些菜品的制作过程进行艺术化改造，使之成为一个特色表演项目，无疑能吸引更多的消费者。

餐饮企业在进行特色表演直播时，首先应当把直播的时间选择在用餐时间，其次应当把直播的地点放在食客就餐区。此举可以在有限的时间内吸引更多的潜在消费者，还能最直观地展示餐饮企业的实力，有利于进一步刺激食客消费。

才艺展示直播：提高服务内涵

现在很多餐饮企业在经营过程中纷纷采用了跨界的方式，将餐饮和艺术结合起来，比如西餐厅的钢琴演奏、茶楼的二胡演奏，以及咖啡馆中常见的乐队表演，这些都丰富了顾客的就餐体验。现在不断涌现、蓬勃发展的主题餐厅更是直接将餐饮和音乐、美术、影视、动画等艺术形式绑定，增加了餐饮企业就餐服务的附加价值。

餐饮企业在进行才艺展示直播时，一方面要注意把握才艺展示和产品推广之间的关系，既要让才艺展示对餐厅和菜品的推广起效，又不能喧宾夺主地使餐饮直播沦为秀场；另一方面，餐饮企业在直播过程中应当注意才艺展示形式，要和餐饮企业的格调统一，最好不要出现违和感，如在咖啡店比较适合展示弹吉他、画油画等才艺，摇滚乐显然不适合。

实用直播：烹饪过程

美味诱人的菜品对食客来讲永远都有终极的吸引力，因此将菜品的制作过程展现给公众不失为宣传推广餐厅品牌的好办法。实际上，直接将做菜的全过程呈现给食客，不仅可以带给食客实用的信息，而且能消除一些食客对菜品的疑虑，增强信任。

餐饮企业在进行实用直播时，可以直接请餐厅的厨师出马，选择受食客欢迎又无须保密的特色菜品，一边制作一边在镜头前讲解菜品的制作流程。做菜的间隙，要求厨师和观众适当互动，让直播不但有用而且有趣。

脱口秀直播：在餐厅谈笑风生

脱口秀作为一种舶来品，近几年在中国发展得非常红火，电视上有《财经郎眼》，网络上有《金星秀》。实际上脱口秀的应用范围远远不止在财经、娱乐领域，如果把脱口秀这种玩法和餐饮结合在一起，肯定能够产生更奇妙的“化学反应”。一方面，脱口秀这种形式可以在取悦观众的过程中潜移默化地让观众接受餐饮企业的产品推广；另一方面，脱口秀自身的话题性具有很强的传播效应，能够扩大餐饮直播的影响力。

餐饮企业在进行脱口秀直播时，需事先搜集和消费者日常生活贴近的新闻，若目标食客仅限于本地人，那么选取的新闻内容也应和本地相关。搜集信息的渠道不限于一种，电视、广播、平面媒体、微博、微信上的信息都可以作为脱口秀的原始素材，但应当确保新闻的真实性。

餐饮直播的三个关键

外形养眼的帅哥美女和富丽堂皇的现场环境对餐饮直播这种专业性极强的营销活动来说仅仅是表象，餐饮企业要想在全民直播的风口期成功实现直播入局，就应当注意对以下三个关键点的把握（见图 6–2）。

产品。餐饮直播营销的本质，是通过直播这种全新的宣传媒介向外界推广餐饮企业的产品。推广产品即是企业进行直播营销的出发点，也是落脚点。因此，餐饮企业在开展直播营销的过程中应当始终围绕产品这个核心做文章，直播前的宣传造

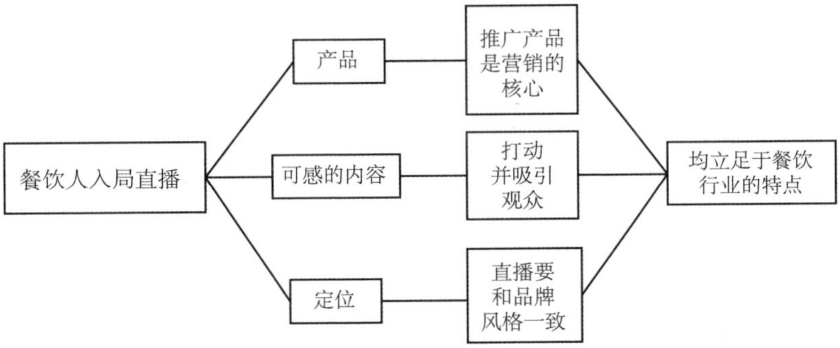

图 6–2　餐饮人入局直播的三个关键

势是为了提高产品的知名度，直播中的各个环节设置和互动安排是为了将产品的卖点直观地展示给观众，直播结束后对直播过程的总结是为了评估直播对产品销量的作用。

可感的内容。和传统秀场直播的唱歌、跳舞等内容不同，餐饮直播的内容主要是“吃”。唱歌跳舞的感染力只需通过画面和声音即可较好地呈现，美味菜品的味道则不能通过屏幕和音响传递给消费者。这就需要餐饮企业在直播过程中加入更为丰富可感的内容，一方面不能一味地展示品尝食物的过程，应当让主播时不时地通过语言描述、现场演示来展现产品的卖点；另一方面餐饮企业可以在直播中适当增加一些歌舞类、语言类的节目，这样既显得宣传活动不那么刻意，观众更易接受，又能丰富节目的内涵，防止单一的直播形式引起观众的审美疲劳。

定位。每家餐饮企业都有对自身品牌和产品的定位，直播营销活动设计需要与自身定位相适应。例如咖啡店可以通过名人讲故事的方式宣传自己优雅闲适的小资形象，快餐店可以通过美女主播互动的形式展示自己时尚前卫的年轻风格。只有主播的人选、直播的内容和餐饮品牌的调性相符时，餐饮企业才能真正确立在消费者心中的良好形象。反之，会让观众产生不伦不类的感觉，让企业直播的宣传效果大打折扣，甚至产生副作用。

直播形式：方向比奔跑重要

仔细梳理餐饮行业的餐饮直播案例，我们可以总结出网红直播、创始人直播、员工直播、顾客直播 4 种主要直播方式。

网红直播：引领秀场潮流

由于网红自身具有的高人气和话题性，在直播中可谓自带流量，是一种通过“广撒网”获取目标客户的直播营销形式，目前在行业内应用比较普遍。但需要注意的是，目前在直播界直接和餐饮相关的网红几乎不存在，大多数仍然是以姣好形象、歌舞才艺为主要卖点的秀场网红，与企业品牌调性较难匹配，所带来的粉丝的转化率相对较低。

开展网红直播的步骤：

（1）选择 1 ～ 5 名网红主播（费用每人每次 2 000 ～ 5 000 元不等）。

（2）把餐饮企业的品牌特色和公司的主打产品、直播当日的有奖活动等直播内容用纸质文件（或电子文件）的方式交给主播提前熟悉。

（3）主播在直播开始前一两天在自己的社交平台发布活动信息，其中必须涵盖活动举办时间、活动期间的有奖活动以及直播间 ID。

（4）直播开始时主播们同桌就餐，把餐饮企业产品的卖点和特色用各自的语言表达出来；在直播中主播可以随时在餐厅内自由活动，展现并讲解餐厅的环境、与餐厅员工互动、和餐厅厨师开玩笑等等。

（5）在就餐期间，主播可以在一个特定的时刻（该时刻由主办方决定），向观众们发放相关餐饮企业的优惠券，当然观众要想领券必须事先关注餐饮企业的公众号。

（6）主播在公众号上用事先准备好的话术回复观众的各类问题，用好处引导观众转发餐饮企业的广告、软文或图片，进一步提高曝光度，最终把主播的粉丝转变成餐饮企业的粉丝。

（7）直播活动结束，相关餐饮企业在行业内部和微博、微信等平台上发布信息，把这次餐饮直播营销活动“包装”成具有影响力的社会事件。

创始人直播：放大个人价值

餐饮企业创始人和企业品牌本身具有天然的捆绑关系，因此创始人具有一定的社会知名度后，餐饮品牌也能够为大众所知。创始人直播的优势在于将餐饮品牌人格化，为餐饮品牌赋予创始人的人格魅力。

创始人以直播的形式为自己的企业宣传，能够迅速让自己在餐饮行业内成为万众瞩目的焦点，毕竟能在餐饮行业里立足的人几乎人人都有独具特色的创业故事。亲自上场做直播的创始人更容易获得年轻消费群体的欢迎，而且目前餐饮消费的主流人群恰恰是青年人。

开展创始人直播的步骤：

（1）确立直播内容。介绍餐厅从初创到发展到成功的创业历程，不为大部分人所熟知的创业内幕永远是观众好奇的题材。

（2）造势。餐饮企业在直播前可以通过已有的客户 QQ 群、企业公众号、所有员工的朋友圈等平台开展全方位的宣传造势活动，譬如“4 个月就把面积仅 1 000 平方米的饺子馆做到了北京人气第一，还有谁？”，并附加介绍直播当日的福利：直播当日将发放多少红包、直播当日将发放多少礼券。积极诱导观众转发直播链接进一步扩大直播受众范围。

（3）启动直播。在直播期间多进行几场红包、礼券发放活动。

（4）互动。创始人在直播间直接与在观众互动，公布个人微信号，让观众添加。在添加好友的过程中，主播可以点出第 9 名、19 名、29 名、39 名新加好友的名字，并为这些幸运观众送出红包。

（5）直播结束。创始人在企业的自媒体上及时发布新闻稿和自己的直播心得，把这次直播“包装”成餐饮行业的典型案例。

员工直播：展示品牌内涵

餐饮企业让员工自己通过直播的形式进行品牌宣传，符合目前 90 后员工普遍喜欢自我展示的心态。直播过程中的打赏也能够作为一种特殊的奖励，在增加员工收入的基础上，增强员工对企业的自豪感和工作积极性。

员工直播的内容其实很简单，就是日常的工作，如每天早上的晨会口号、热诚的服务、清理桌面的技能、刀工技能比武，都可以作为员工直播的题材。

餐饮企业在开展员工直播的过程中需要特别注意两点：一是，为了防止直播影响店内的正常运营，员工直播必须控制在一定的范围，既不能让所有员工都做直播，也不能让某个员工全天直播妨碍了工作；二是，为了防止不够严谨的员工在直播过程中误将企业的专利菜品配方等需要对外保密的内容公布出来，餐饮企业必须在直播前对相关员工做好保密教育，以防直播的效果适得其反。

开展员工直播的步骤：

（1）餐饮企业中高层管理人员直播员工的日常工作。

（2）在直播中及时点名表扬部分表现优秀的员工并采访这部分员工。

（3）让员工自己直播例会、内部活动等。

（4）时不时地让员工直播一下工作之外的生活。

顾客直播：现身说法立口碑

请餐饮企业的忠实客户亲自做主播宣传产品不但可以增强说服力，避免企业自说自话的尴尬，而且能通过宣传主体的“外包”，降低企业的直接宣传成本，可谓一举两得。

实际上，顾客直播的模式与餐饮企业普遍进行的“朋友圈转载 / 大众点评点赞有好礼”的口碑营销本质上是一个道理：

通过奖励诱导顾客进行直播宣传，分享就餐经历，为企业打造良好的口碑，提高品牌的曝光度。

开展顾客直播的步骤：

（1）构建激励机制，激励顾客参与直播推广。

（2）通过微信、微博等媒介宣传该直播，并将餐饮企业的品牌形象和直播绑定。

（3）在自媒体上发布专门文章，将直播案例“包装”成餐饮行业的成功典范。

（4）为直播顾客专门创建一个微信群并做好维护工作，通过内部活动、发红包等形式最大限度地保持微信群的活跃度，以作备用。

以上 4 种表现形式是目前餐饮直播在实践中的具体形态，相信随着越来越多的餐饮企业参与到直播营销过程中，未来还会有更多的表现形式。

后厨直播：为食品安全保驾护航

直接决定菜品质量的后厨对消费者来说一直是难以实地了解之地。随着全社会对食品安全的日益重视，餐饮企业向消费者全面展示自己产品的安全性已经迫在眉睫。在此情况下，后厨直播登场了。

将后厨通过直播的形式纤毫毕现地展示给消费者，让消费者通过对后厨的了解，清楚菜品究竟是在什么地方通过什么工序制作出来的，让其在就餐时做到心里有底。直播中，企业后厨里的卫生条件、人员素质、服务水平一一展示，让消费者放心、安心进而用餐开心。

2016 年 3 月，美团外卖与腾讯旗下的 QQ 物联宣布合作打造一档针对外卖后厨的直播栏目。在美团外卖配送事业群总裁王慧文看来，美团外卖通过网上实时的视频直播可以将原本神秘的厨房内部变得透明化，无论是餐厅的经营环境还是厨房的操作过程都可以通过摄像机的镜头一览无余地展现。当然，用户要想事无巨细地了解餐厅后厨，前提是该餐厅参与到了美团的直播项目中。

这个直播让消费者得以在了解后厨真实卫生情况的基础上，更为放心地选择自己青睐的餐厅。

美团要进行后厨直播的消息一经公布，迅速引起了餐饮行业和整个社会的广泛关注。很多媒体都对美团勇于将后厨曝光于社会、保障用户知情权、监督权的壮举予以了肯定。

餐饮企业开展后厨直播的主要目标无疑是强化消费者对餐饮企业的信任感，对餐饮企业而言，不可编辑、实时公开的直播形式实际上也是一种自我监督、自我约束的有力措施。

事实上，餐饮企业开展后厨直播不仅由表面上的信任需求决定，还有其存在和发展的内在逻辑和必要性（见图 6–3）。

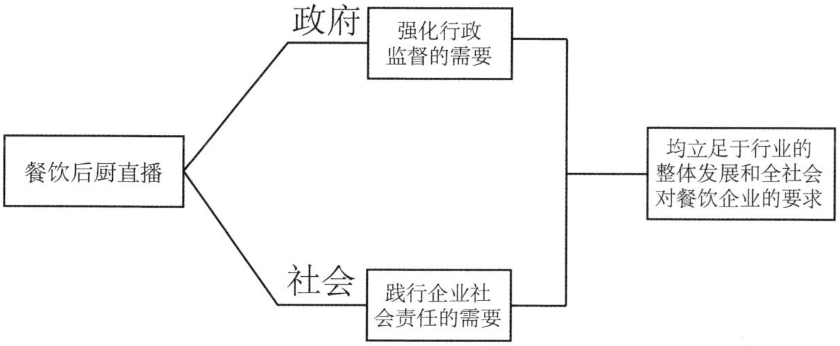

图 6-3 后厨直播存在和发展的必要性

强化行政监督需要后厨直播。餐饮产业的市场主体除了企业和消费者两方外，还有政府监管部门，因此餐饮企业要想长远发展，必须达到政府监管部门的要求，这既是考验，也是获得政府信用背书的契机。伴随“互联网 +”模式的持续深入，行政监管部门迫切需要改变以往的线下监督模式，创造互联网 + 监管的新模式，而后厨直播正是这种互联网 + 监管模式的巧妙实践。政府食品安全监管机构和卫生部门也可以通过直播实时监控企业的生产状况，这虽然可能引起员工的不适，但从长远来看，直播监督鞭策了员工对规范操作的要求，对企业的健康、可持续发展有百利而无一害。

践行企业社会责任需要后厨直播。在中国经济提质增效和消费升级的大背景下，不管是实体餐饮企业还是网络餐饮企业都必须承担起自己的社会责任，而保证食品的安全和消费者的知情权正是餐饮企业最基本的社会责任。从这个角度来说，后厨直播正是餐饮企业认真践行企业社会责任的直观体现。只有敢于承担社会责任，餐饮企业才能走出恶性竞争的怪圈，实现良性发展。

后厨直播的出现直接破解了后厨卫生监督不透明这一广为消费者诟病的死穴，同时彰显了相关餐饮企业勇于作为的企业形象。相信在未来的餐饮行业中，我们会看到越来越多的“明厨亮灶”直播为人们舌尖上的安全保驾护航。

案例　斗鱼联手肯德基：餐饮巨头的营销创新之旅

2016 年 6 月 30 日到 7 月 4 日，斗鱼 TV 知名电竞主播单车老师在“单车老师不迟到”直播间直播“守望先锋”。电竞直播的间隙，他吃起了肯德基特价早餐。早餐的美味似乎透过屏幕飘到了广大观众的面前，大大刺激了刚刚起床、肚子空空的观众们的味蕾。顷刻间，直播页面便被密密麻麻的弹幕“看饿了”霸占。这个时候，单车老师抓住时机故作惊叹：原来“大家都这么爱吃肯德基”。接着，他顺水推舟告诉大家肯德基的最新优惠活动。在 5 天的活动中，直播观看人数超过 23 万。

而这次活动，无论是对斗鱼还是肯德基而言，都并不是首次探索“餐饮 + 直播”的营销模式。

一方面，在和肯德基合作之前，斗鱼已经尝试过与其他企业和平台的跨领域合作。比如，在 2016 年京东“6 · 18 生鲜大促销”前夕，斗鱼就曾派出 5 名网红主播到北京各大“美食控”聚集地，对龙虾的制作过程进行全程直播，给用户带来鲜活新奇的直观体验。同时，借制作好的美味龙虾替商家向用户宣传最新优惠活动，吸引用户购买。

另一方面，肯德基在之前也尝试过“餐饮＋直播”的营销模式。2016年年初，肯德基在bilibili直播进行吃炸鸡直播活动，美其名曰“KFC请你去B站吃炸鸡”。值得一提的是肯德基发布的一段极富煽动性的广告词：“残留指尖的香醇不可抵挡，仅仅咬了一口，我就好像能听到体内血液开始奔腾的声音，我看见自己和KFC老爷爷热情相拥，这就是能给人带来幸福的炸鸡啊！”看了这段广告，人们胃里的馋虫都醒了。直播中，两位美女主播用各种方式“对付”50只炸鸡，将观众的食欲彻底引爆。

总之，对于餐饮＋直播的营销模式，斗鱼和肯德基都不陌生，且二者均对该模式兴趣盎然。正是对该模式的相同认知，促成了双方的合作。

对肯德基来说，这次活动是其整合优质流量资源的有效渠道，肯德基看准的正是斗鱼的主要消费群体——年青一代，该群体正好也是肯德基的主要受众。斗鱼电竞平台为肯德基提供了精准优质的流量，肯德基则给斗鱼提供了流量变现的机会。

第七章

教育+直播：打破时空界限，让名师成为你的私人教师

直播的热潮同样蔓延到了在线教育领域，新东方、学而思、腾讯企鹅辅导、网易云课堂纷纷推出教育+直播。这种教育模式与传统的线下教育迥异，它打破了传统线下教育的时空界限，一定程度上促进了教育公平，开启了教育行业的新变革。

在线教育开启新征程

教育可谓直播的先行者，直播技术早在 2009 年就被邢帅教育应用于职业教育领域。教育 + 直播在之后也有所发展，只是脚步渐缓。

在网络直播爆发的 2016 年，教育 + 直播进入了快车道。

用直播破解在线教育的变现难题

融资成功的关键是投资者对创业公司的项目有信心，也就是说该项目有盈利前景，否则融资很难成功。根据清科私募通统计数据显示，2016 年上半年，全国在线教育融资总额为 4.68 亿美元，比 2015 年同期融资总额相比大幅下降，下降率达 45.89%。根据互联网教育研究院报告，截至 2016 年年底，中国在线教育机构有 70% 处于亏损状态。

在线教育已经进入了资本寒冬，主要原因是迟迟无法实现盈利。这意味着在线教育的商业模式不对。如何解决这个问题？

作为“娱乐圈最懂教育的人，教育界最懂互联网的人”，“疯狂老师”教育平台的创始人张浩于在线教育的直播风口下提出了著名的“南北坡理论”：互联网公司与直播的联系更密切，这使其“近水楼台先得月”，处于在线教育创业的南坡，他们主打工具类型产品切入；传统培训机构则处于北坡，主要在 O2O 领域探索，属于在线教育创业的北坡。但无论从哪里开始，终会在辅导环节找到共同点。

以前的在线教育软件使用情况表明，工具类型产品和 O2O 领域的探索都无法触及用户的消费痛点。在线辅导的方式好像很传统，却可能是最直接的变现切入点。

作业帮联合创始人陈恭明就认为直播是在线教育辅导的发展大方向，在线教育的盈利点很大程度上要依赖传统线下教育的变现模式。课外的补习班等辅导是线下变现最直接的途径，直播辅导自然也成为最有前景的在线教育变现方式。

而且，在线直播教育与以往的录播教育相比，更能促进师生互动，教师能为学生提供更好、更契合学生需求的帮助。

直播成本不断降低，成为吸引创业公司投资在线直播教育的关键。以新东方这类传统的线下教育培训机构为例，传统的教育培训需要很大的物理空间，随着一二线城市房租的不断上涨，房租压力越来越大。线上直播教育能很好地解决这个问题，它大大节省了教育的物理空间，省下的房租不容小觑。

直播变现的方式

教育直播变现的具体方式有哪些呢？

售卖直播课程变现。售卖课程就是用户首先通过线上支付购买听取直播课程的权利，然后根据课程时间安排，通过直播听课。这是目前为止线上直播教育最主要、最稳定的变现方式，也是线下教育培训的主要付费方式。这种售卖直播课程的方式比较符合用户的习惯，因此比较稳定。在线直播不仅需要技术上的支持，而且需要进行科研，这些都需要付出很多精力和很大的心血，充足稳定的资金是保证。

打赏变现。打赏是随着直播教育的出现衍生的付费方式，为线上直播教育独有，具体是指在教育平台开设打赏功能，培训教师讲授课程时，用户可以根据自己的学习情况，按自己心意通过打赏功能给教师钱。

打赏不同于售卖课程的硬性付费方式，它是用户个人行为，不是硬性规定。它是用户对授课教师的一种欣赏，是对教师授课水平的肯定，也是二者在直播教育过程中的一种互动方式。邢帅教育于 2016 年 6 月开设了打赏功能，成为业内第一个试水者。

打赏功能的设置是有条件的，它只适用于大班直播教育，一对一直播或一对几的小班教育并不适用，而且打赏更适合网红教师。

除了以上两种变现方式，在线直播教育的变现方式还包括周边教辅资料的销售等。但总体来说，销售课程变现是主体，打赏等变现方式是辅助。

打破传统教育的时空藩篱

老师好、猿辅导、疯狂老师、新东方、作业帮等在线教育平台纷纷试水直播，可谓“百花齐放，百家争鸣”。直播给教育带来了新的变化与进步。

有助于实现师生强互动

这是在线直播最显著的进步。在线直播教育类似于课堂教育，虽然师生不是真正的面对面，但是与其非常类似：师生只隔着一层屏幕，学生能通过直播看到教师的动作、表情，听到教师的讲解，还能通过发短消息、留言评论、使用语音功能等方式实现与教师的实时互动。如果是一对一的线上直播课程，还能实现随问随答。这样的强互动性有利于学生及时解决出现的问题，提高学习效果，从而激励学生坚持学习。

在网易云的直播课中，授课教师会随时关注学习者在评论栏发表的意见、提出的问题，但是他们不会在直播过程中一一回答，而是会把问的次数较多的问题留到所有内容讲完后再集中作答，这样做不仅可以节省时间，而且能提高答疑效率。这种互动能使学生在教师指导下及时解决不理解的问题，提高其学习效率。

这样的直播课结束后，学习者往往能获得不错的学习效果，从而吸引学习者坚持上课。不少需要付费的课程在正式开课前都会开设不少于一次的免费直播课让学习者试听，在直播课上，教师会介绍该课程的主要内容，然后试讲，最后还会答疑解惑，如此就会吸引一部分学习者付费继续学习。

有助于教师因材施教

在线直播教育可实现师生实时互动，这在一定程度上打破了以往在线教育的时空限制，便于教师及时掌握学习者的学习状态，根据学生情况，适时调整课程安排，从而做到因材、因时施教。另外，学生根据直播平台的分类，按照自己的水平和需求选择适合自己的课程，这也有助于实现因材施教，提高教学效率。

以猿辅导为例，它和自己的兄弟产品猿题库合作，可以根据用户在猿题库的大量练习数据，追踪学习者的学习效果，推测其学习状况和水平，然后在各种技术的支持下，实现每个学生的每堂课都是根据自己的实际情况“定制”，基本上都是最适合自己目前水平的在线辅导，真正地做到因材施教。而且这些数据也可以被用于网校的教研工作，以合理安排教学。

兄弟产品猿题库为猿辅导提供了强大的数据支持，并不是所有在线直播技术都有猿辅导这样的数据优势，但是在线直播的强互动性也能实现教育平台对学习者各项学习指标的掌握，只是在数据的积累方面仍需时日。

有利于实现教育资源的共享

中国教育资源分布不平衡，比起一二线城市，三四线的城市和农村地区教育资源尤其是师资力量严重缺乏。在线直播技术的应用在很大程度上缓解了这个问题。直播具有很强的传播性，通过在线直播技术，三四线城市及农村的学习者可以在线听一二线城市名师的课程，而且可以和他们交流互动，这在过去的录播时代，无疑是件难以想象的事情。直播技术的应用能够更好地实现教育资源的共享，推进教育公平，促进教育均衡发展。

在线直播教育技术促进了教育产业的发展繁荣，也为传统的教育事业带来了便利，甚至可以说是福利。跨时空强互动、因材施教、优质资源共享……这些因素共同推动了教育大数据时代的到来，进而建立起良好的教育生态系统，有利于促进教育公平，使教育均衡发展。

链接师生资源的三大模式

现阶段教育直播的常见模式有 3 种：双师课堂模式、网红教师模式以及平台模式（见图 7–1）。

双师课堂模式

顾名思义，双师课堂模式是由两位教师共同参与教育的直

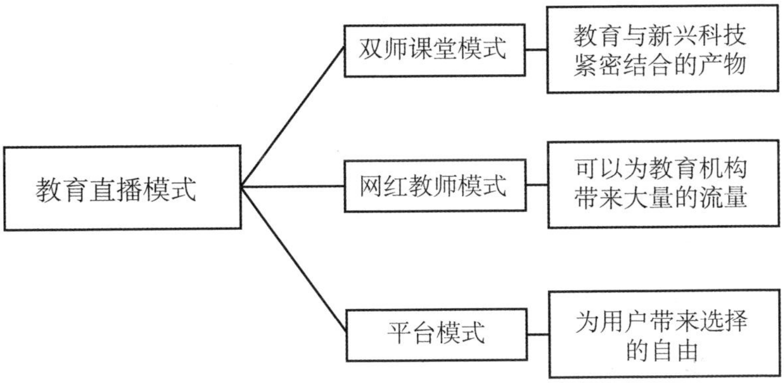

图 7-1　教育直播模式

播模式，这是教育与新兴科技紧密结合的产物。在这种模式下，一位教师位于直播间专注讲课，另一位教师位于教室专注课后辅导。这种起源于传统连锁培训机构的模式，在加入新兴的直播技术之后发生了显著的变化。一方面直播间的教师已经不局限于本学校、本机构或本地的教师，另一方面在讲课时教室里的学生通过直播技术可以与授课教师实时互动，解决学习中遇到的各种问题。

为了实现最佳的学习效果，在线教育直播机构开发出了一整套专业设备。主讲教师一端拥有音频视频直播设备、板书、PPT 等教学呈现技术，学生端除了可以直接观看直播的视频信号，还配有答题器、麦克风等互动设备。

成都七中开设了远程直播教学模式，请各个名师在千里之外的一个教室直播授课，各班的学生在教室看直播听课，学校教师在旁边监督、辅导、答疑。把这种形式引入课堂，实现了备课、授课、作业和考试的同步进行。

成都七中并不是用在线直播教学代替课堂教师，而是用同步直播减轻教师的负担，学生依据远程直播板书记录、学习。事实上，在这种模式中课堂教师的水平及引导依然起到关键作用，双师课堂模式的雏形由此形成。

双师课堂模式目前已进入实践阶段，进展十分明显：2002 ~ 2016 年，全国应用该模式的学校已从 4 所增至约 300 所，惠及的学生数量也从 200 提升到 6.6 万之多。

双师课堂模式极大地缓解了目前国内优秀教师资源稀缺、教育资源不均衡的问题，为教育机构节约运营成本、实现最大化教师价值贡献了自己的力量。

在传统模式下，不论是学校还是培训机构，优秀教师都是抢手的资源，许多优秀教师的课程报名难，即使报上了名，由于学生多，教学质量也很难保证，而对于课后辅导等必要的工作，教师们更是常常感到力不从心。

运用先进的直播技术，教师们分工明确，主讲教师只需要做好课堂呈现和课上反馈即可，线下辅导教师则可以根据多年的授课经验，协助主讲教师答疑、辅导、查漏补缺、复习巩固、课后评测、布置作业……这种恰到好处的工作搭配大大提高了两类教师的工作效率，也提升了整体的教学质量。

目前，双师课堂模式是在线教育直播最火爆的模式之一，许多教育机构都在积极布局这一模式，包括新东方、好未来、老师好等。

网红教师模式

伴随直播出现的众多网红中，网红教师已经成为一种常见的现象。2016 年一则“在线教师时薪两万超网红”的消息让网红教师一时间成为舆论焦点。“为什么网红教师收入那么高”“网红教师讲的是什么内容”“网红教师收入合理吗”，社会上关于网红教师的种种关注和质疑清晰地表达了观众对在线教育直播模式的担忧。

事实上，在直播技术的普及之下，所有直播镜头下的人都有可能成为网红。在娱乐直播中，唱歌跳舞说段子就有可能成为网红，在电竞直播中，游戏解说得好也会成为网红，那么在线教育直播中个别教师成为网红也不足为奇。

网红教师的出现是直播的社交属性发挥作用的结果。在传统授课模式下，一些能够寓教于乐的教师往往受到很多学生的爱戴。随着直播技术的加入，老师们能够面对的受众越来越多，受欢迎范围也随之扩大，形成了显著的“网红效应”。

网红教师的网红特征可以为教育机构带来可观的流量，是各大教育机构着重培养的直播人才。许多教师也跃跃欲试想要成为在线网红教师，以便获得比传统学校更加自由的工作环境和更高的收入。

但是做网红教师并没有那么容易。与一般的网红不同，做网红教师不能仅靠口若悬河、滔滔不绝。网红教师在注重互动交流的同时，还要承担传播知识技能的任务。为了拿到高薪，他们需要付出很多心血：日常生活中熬夜准备课件是家常便饭，对于直播教育课，主讲教师的关注重点在于如何在短时间内使课堂内容教授深入浅出，并随时注意自己板书、课件甚至站姿、语速等。一般来说，在线教育直播课程的时间最长 60 分钟，最短 20 分钟，传统教师备课可能只需要半天，但是直播课程的备课由于内容多、需要准备的材料多，往往需要两天甚至一周，一道看似简单的例题，也许需要刷 100 道才能找到合适的题目。

由于引流效应明显，当前，许多教育机构都在致力于网红教师的培育。

平台模式

随着在线教育的兴起，教育领域不断拓展，教育内容不断丰富，促使一些有巨大流量的网站开始做教育资源直播的平台。这些平台一方面连接的是广大的用户和观众，另一方面连接提供教育服务的个人或机构。客户可以根据自身需要，选择相应的课程学习，一些确有所长的个人和机构也会在这些大流量平台上施展所长，提高在平台上的曝光率，实现商业价值。

教育直播哪家强

在本节，我们将对几个常见的教育直播平台进行一次小盘点（见图 7–2）。

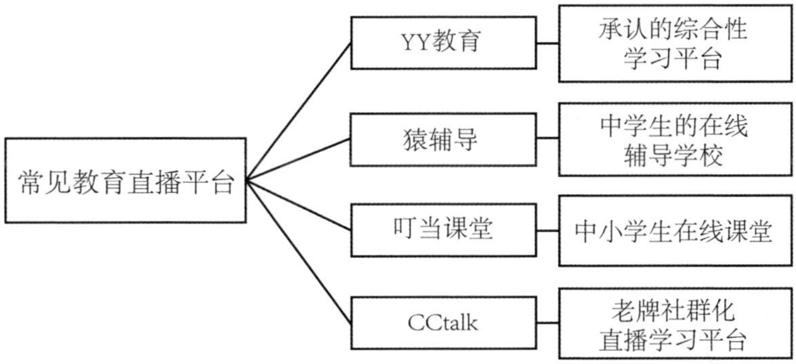

图 7-2　常见教育直播平台的特色

YY 教育——成人的综合性学习平台

YY 本属于娱乐行业，在娱乐行业站稳脚跟后开始进军其他领域，YY 教育就是其在直播教育方面的尝试。YY 教育采用直接面向消费者的 B2C 开放模式，能从 YY LIVE 引来流量，比较适合搭建语音类平台与进行会议视频等。

YY 教育联合了多家中外知名培训机构和 2 万名优秀讲师，师资力量雄厚。新东方在 YY 教育已经形成了一整套比较成熟的运作模式。

YY 教育属于综合性直播教育学习平台，拥有很多免费资源。教学内容涵盖各个方面，但也有所侧重，成人培训是其主要业务，包括针对雅思英语考试的培训，针对公务员以及司法、经济管理类考试的培训等。

猿辅导——中学生的在线辅导学校

猿辅导是猿题库的兄弟产品。从2012年8月到2015年3月，实现1 000万元A轮融资到700万美元B轮融资、1 500万美元C轮融资，以及6 000万美元的D轮融资，D轮融资距C轮融资仅半年时间，足见其发展的迅猛程度。

在师资方面，猿辅导汇聚了来自全国的名师，其中约95%都来自北上广等一线城市，拥有平均6年的教学经验，师资力量雄厚。

猿辅导的教学特点包括：实现了教育直播的移动化，教学不再受物理空间的限制，即只要手机能联网，可随时随地上课；免去了中介，实现学生与教师的直接对接，节省中介费；全国名师学生可自由挑选，不再只是一线城市独占优秀教师资源，实现了优秀师资的合理优化配置；与猿题库结合，因材施教，根据用户情况进行个性化教学，有针对性。

猿辅导是专业性教育直播平台，主要领域是初中、高中课程。

叮当课堂——中小学生的在线课堂

叮当课堂由上海享学网络科技有限公司创立，主要面对中小学生。下载叮当课堂App后注册，在数学、物理、化学、语文、英语各分类中点开所需课程，付费后即可按照课程安排时间上直播课。也会有少数限时免费的录播或直播课程。

在师资方面，叮当课堂的很多直播教师都是公立学校的特级教师，加上有享学网络旗下的“名师孵化器”不断输出名师，教师资源丰富。

叮当课堂首创直播室式的在线教育直播模式，创设真实的课堂场景，学习者可以在线和直播授课教师实时互动。在技术上有腾讯支持，直播时的现场布置、镜头切换、直播特效以及效果都由专门的团队负责，非常专业。

叮当课堂注重趣味教学，课程内容生动、讲解风趣幽默，这与其主要教学对象的年龄层次有关。趣味教学的效果一般都很好。

CCtalk ——老牌社群化直播学习平台

沪江网校作为老牌的网上学习机构，一直在努力推进教育公平，力求使广大学习者共享平等的教育资源和环境，CCtalk 是它在这方面的又一次尝试。在电脑或手机上下载 CCtalk App，注册即可购课学习，即使不注册，也可共享很多免费学习资源。

点开CCtalk App,会首先看到“汇聚天下网师”几个字跳出。CCtalk 依托沪江网校，拥有语言和师资方面的先天优势，教师大都有多年教学经验，在授课质量方面有良好的保证。CCtalk 注重学习者的学习体验和最终学习效果，学习者可频繁与其他用户聊天、互动，交流学习经验或互相督促，在社群化的氛围中学到知识，取得进步。

CCtalk 涵盖职场、兴趣、互联网、中小学、亲子、考研考证等方面的内容，但其着重领域还是英语、日语、韩语、小语种等语言领域。

在直播迎来大发展的背景下，教育直播平台无疑会越来越多，每个直播教育平台都有自己的特点和侧重点。也就是说，没有最好的，只有最适合的。

优质师资是关键

众所周知，直播的执行者在娱乐平台是主播，同样，在教育平台上，教师是直播引流的关键因素。因此未来教育直播发展的重心就在于如何获得优质的师资。谁能率先吸引到大量的优秀教师，谁就会在未来的竞争中占得先机。

任何一个教育机构，教学质量都是安身立命之本，而教学质量很大程度上取决于是否有一支优秀的教师队伍。无论是传统学校，线下培训学校，还是新兴的在线教育机构。

2016 年年初，多位特级教师离开公办学校，去往民办学校和培训机构的消息一时间成为舆论的焦点，传统教育行业痛惜人才的流失，培训机构则张灯结彩欢迎优秀教师的加入。这一事件从一个侧面反映出教育行业最核心的资源正在悄然流动。与此同时，一些知名的培训机构也开始出现“离职潮”，大量优秀教师去往在线教育机构。可以说，在市场经济环境中，教师资源的自由流动体现出时代的进步，也是教育行业发展的必然需求。

长期以来受教育体制的限制，大多数教师经济收入不理想，社会地位较低。2016 年一封教师辞职信在网络走红，一句“才疏不能胜任，薪酬不能持家”道出了教师工作压力大、工资待遇低的整体现状。传统教育大量的优秀教师资源与收入不匹配的现状，造成了教师的智力资源的巨大浪费，这也为在线教育兴起提供了重要的条件。

事实上，在线教育模式就是教育资源的“共享”模式，它将优秀的教育资源与教育行业日益增长的需求密切结合起来。一方面解决了广大教师收入水平偏低的问题，调动了教师的积极性，另一方面使学习者获得需要的教育资源。这种模式使教师实现了个人价值最大化，又降低了学习者受教育的成本。在线教育的多样化和便利性使得越来越多的用户成为受益者，其市场影响力日益扩大。

据相关统计显示，2016 年在线教育用户接近 9 000 万人，市场规模达到 1 506.2 亿元（见图 7–3），增长率高达 27.3%，预计未来几年将持续保持 20% 左右的增速，在中国这样人口众多、重视教育的国家，前途不可限量。

教育直播时代的到来使大部分教师获得了新的发展机遇。由于收入分配机制的差异，在直播镜头下，教师的身份发生了

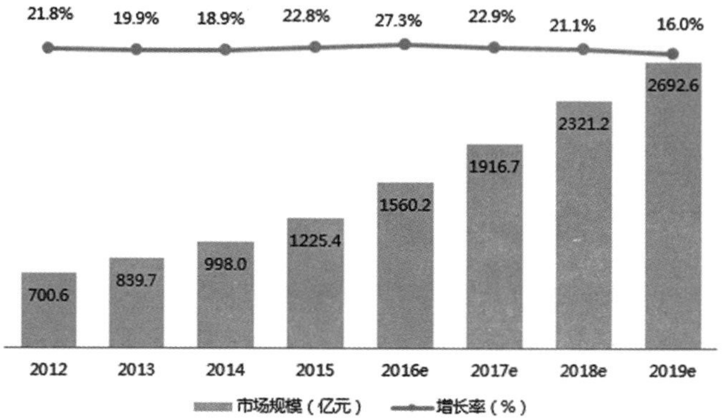

图 7-3　中国在线教育市场规模及增长率

资料来源：艾瑞咨询

显著的变化，从雇员变成了平台合伙人，从上班族变成了内容创业者，其职业生涯完全取决于能否持续生产优质的教学内容。如果教师对学习者产生影响、帮助其提升，形成良好的口碑，就会有源源不断的业务。因此教师能将大部分精力都专注在教学上，有足够的发挥空间和自由时间，这符合大部分教师的初衷和意愿，也会激发他们无穷的潜力，为平台创造优质的教学内容。

作为教育直播平台，怎样吸引优秀教师越来越重要，最有效的手段就是高薪，但是与线下教育不同，在线教师还应当具备互联网思维、镜头表现力、直播互动技巧等教育直播的“标配”，因此一些优秀教师还需要直播平台为其提供相应的培训。在线教育机构要想拥有优秀的师资，务必倾听教师的需求，帮助他们解决问题，进而掌握市场主动权。

在这方面已经有一些机构做出了有益的尝试。

“疯狂老师”是中小学教育 O2O 信息服务平台，也是目前在线教育中唯一获得腾讯注资的教育平台。创始人张浩认为：名师是教育的核心，也是教育行业的稀缺资源，拥有雄厚的师资力量，就意味着抓住了核心竞争力。因此“疯狂老师”的整个商业设计都围绕服务教师这一宗旨构建。

经过多年的摸索，“疯狂老师”的核心战略已经浓缩成两个项目：在线直播“叮当课堂”和“名师孵化器计划”。其“名师孵化器”已经分别在北京、上海等六大城市成功实行，并成功签约多位超级名师。在其战略发布会上，创始人公开宣布，“疯狂老师”的战略目标是通过教育直播项目在全国培育出 100 个年收入 1 000 万元以上的网红教师。在这种示范作用的影响下，大量优秀教师加盟“疯狂老师”。目前其“名师孵化器计划”已经在多个城市建立 1 000 多家“名师工作室”，为“疯狂老师”提供了大量的基础师资。

“名师孵化器”一方面针对有大班授课经验的教师扩大影响和升级课程，另一方面对于其中有互联网思维的教师，通过专业培训助其开发出适合直播的教育产品，通过线上平台进一步扩大影响力，最终打造类似于韩国 Megastudy 机构中的高收入名师群体。高收入又能吸引更多的优秀人才进入教育行业，发展教育业，激励原有的草根教师努力钻研教学工作，像名师看齐，提升整体教育水平。最后，名师将会和网红一样成为一种强大的商业资源，变成平台制胜的杀手锏。

良好的师资是教育机构的核心竞争力，因此“名师”“网红教师”才会一直被争抢，一直显得“稀缺”。一个优质的教育直播平台不仅能够靠高收入的蓝图吸引到优秀的师资，还能够在教师在职期间提供相关的服务和培训，如产品使用、直播经验，做到“一切以教师为核心”。只有吸引和培育了大量的优秀师资，才会不断为学习者提供优质的直播内容，创造出良好的口碑，产生可持续的经济模式。

形象好可提升流量

一直以来，教师中流行一种现象，在同等教学水平下，形象好，也就是所谓的高颜值教师更受欢迎。根据英国《镜报》的一篇报道，教师颜值越高，学生的成绩越好。美国学者甚至据此做了一个实验，他们选取 131 名成绩中等的学生收听音频课程，在此之前分别被要求看两张照片，一张颜值较高，一张颜值一般。在学习完课程之后的考试中，那些看到高颜值教师照片的学生成绩比较好。这种现象表明，教师的颜值会影响其教学过程和教学效果。

这似乎与我们固有的认知存在矛盾，因为在教育行业我们一直更加注重教师的教学能力，对颜值没有给予太多的关注。我们一直认为，只要专业水平提升之后，“颜值”自然就上升了。

但事实证明，高颜值确实能够为教师带来更多的吸引力。

教育直播的火爆导致每个在线教师都可能被成千上万的人看到、听到，与传统教学模式不同的是，直播模式下每位教师都必须格外注意自己的颜值。因为拥有高颜值的人能够更快地获得关注和流量已经是一个不争的事实。

互联网经济的核心就是关注度，而颜值高具有天然的吸引力，因此，在直播中出镜的教师除了在业务领域内刻苦钻研，也要时刻注意自己的形象。颜值引流在互联网时代屡试不爽。各大在线教育机构在激烈的竞争环境中，搭上“颜值”便车吸引生源的例子也屡见不鲜。其中沪江网校 HJC48 团体的推出是最具争议的一件典型案例（见图 7–4）。

图 7–4　沪江网校推出班主任女团 HJC48 宣传图

2016 年沪江网校校庆期间，宣布推出国内首个班主任女团 HJC48，目的是鼓励学员更好地学习。HJC48 由学校 48 名 90 后女性班主任组成，平均年龄 24 岁，颜值在线，气质出众，拥有大批粉丝的 HJC48 推出之后登上娱乐头条，并发布了“不毕业的甜蜜约定”，发行首支舞蹈 MV《更好的自己》，并有进军娱乐圈的计划。一时间在教育界引发巨大的争议，一些人认为这种形式颠覆了传统教育行业班主任的刻板形象，为教育行业吸引关注提供了新的方式，会让学生更加专注学习。另一些人则认为这种哗众取宠的营销方式避重就轻，完全偏离了教育行业最重要的核心价值，而且这个“山寨女团”破坏了教育界的整体形象，必须杜绝。

从沪江网校的角度来讲，面对在线教育市场越来越激烈的竞争，被迫放弃传统招徕“名师”的模式，采取声势浩大的娱乐化方式吸引生源也属无奈之举。至少这次事件，“颜值”“娱乐”的关键词在教育界成功地制造了话题量，引发争议的同时，也产生了明显的广告效应。

在直播模式下，颜值是一个回避不了的话题。与娱乐主播类似，在线教师可以称之为教育主播，他们同样需要自己把控直播期间的主要内容，但是要想获得长期稳定的收益，利用社交网络，塑造个人魅力是关键一环。尤其是开始直播时，留给学习者的第一印象尤其重要。现在在线教育平台多，教师多，学生的选择也多，如何在众多教师中脱颖而出，是关系教师生涯能否长久的重要问题，也是教育直播平台能否持续盈利的重要因素，据报道，在线教师的招聘中，颜值已经成为一个重要的考核指标。

对教育直播机构来讲，在线教师的形象在直播初始阶段的重要性不言而喻。一个在线试听课中，教师的服装、言谈、举止都会决定学生对他的第一印象，决定是否购买课程。在教学过程中，教师的表情、语言和行为会对教学效果产生重要影响，也会决定对教师行为的反馈评价以及口碑等。因此对教师的形象做出合理的要求是必不可少的。

众所周知，教师职业是一个注重内涵和气质的职业，教师的外在形象能体现出内在的修养学识、思想素质。作为知识和文明的传播者，外在形象在很大程度上会对学生产生潜移默化的影响。因此，教师的颜值和形象不仅关系到浅显的印象和评价，还关系着教学效果。随着互联网的普及，人们对外在形象的要求与日俱增。爱美之心，人皆有之，甚至现在的中小学生也会更喜欢形象好的教师，许多学生对教师的印象大部分来自于外在形象，只有接受了形象才会接受课程的内容。因此，要从保证教育效果的高度来认识教师的外在形象，作为教师，塑造其形象应该从以下几方面入手。

服装。教师的着装是最先受到学生关注的一种形象，其直接传递着本人的教养品味等相关信息，得体的服装不仅可以给学生留下良好的印象，更可以传播教师的隐形影响力。教师的服装务必简洁大方，符合职业特点。

表情。适当的表情会无形中拉近教师和学生之间的心理距离，提高教育的效果。教师一个温暖的微笑，在学生看来就代表教师的友善、肯定。会使学生获得轻松的学习心态，获得更好的学习效果。

心态。面对课堂的突发问题，教师的积极得体应对是非常重要的。一个对工作持积极态度的教师会在无形中给学生精神力量，每次直播中都以阳光的心态面对学生，会引发学生的模仿和遵循，产生更好的教学效果。

语言。讲课是教师的基本工作内容，所以语言的重要性不言自明。在线教育放大了学生群体的数量，同时也放大了教师讲课的影响力。因此在课堂上，教师对专业知识的滔滔不绝、妙语连珠会吸引学生的注意力，提升教学效果，树立在学生心目中学者的形象。

总而言之，在线教师在提升专业水平的基础上，一定要注意颜值对教学效果的重要作用。通过一些必要的途径提升颜值，以便获得较好的流量和口碑。

案例　勺子课堂：教育＋直播＋餐饮的混合效应

2016年6月6日，掌柜攻略（餐饮行业的产业新媒体）宣布获得千万Pre-A轮融资，并表示资金将主要用于勺子课堂建设，西贝餐饮是投资方之一。2016年12月26日，麦当劳亚洲区前副总裁李明元以个人名义入股勺子课堂，入股资金达数百万元。至此，勺子课堂Pre-A轮融资达到3 000万元。在这之前，勺子课堂已经赢得了西贝创始人贾国龙、嘉和一品创始人刘京京的青睐，成功拉他们入伙，而且已经和多家知名餐饮企业如海底捞、西少爷肉夹馍、木屋烧烤、桃源眷村、江边城外和井格火锅等展开深度合作。

受到如此多关注与看好的勺子课堂到底是何许“人”也？下面就让我们一起来认识一下它。

勺子课堂是掌柜攻略旗下主要面向中小餐饮企业、商家的在线直播教育平台。2015年年底，“掌柜攻略”创始人宋宣确定了其盈利方向——餐饮行业在线直播教育；2016年3月，餐饮教育平台勺子课堂正式运行。

勺子课堂目前没有App，由微信公众号和网页两个板块组成。两个板块的内容基本相同，公众号内容是网页内容的缩减版。以网页为例，我们来进一步了解一下。

点开勺子课堂的网页，可以看到勺子课堂的注册学员数、课时数和独家讲师数，这些会让用户首先对它的规模、师资力量有一个大概的了解。下面紧接着是各种课程（见图 7–5），包括最新上架的课程和推荐课程等，具体课程包括直播、录播、PPT 讲解，价格依次递减。网页最下面是掌柜攻略，这是勺子课堂的一个重要内容支撑。用户可以直接点开推荐课程或新上架的课程，如果觉得合适，注册（填写所在地区、经营餐饮品牌、职位）后付费，即可学习直播课程，课程价格从 99 ~ 1 099 元不等。当然，也有免费的直播课、录播课、PPT 讲解，但也都必须注册才能观看。

勺子课堂的授课方式一开始主要是线上课堂，后来根据需

图 7–5　勺子课堂的部分课程

要开设了线下课堂，盈利主要是线上课堂变现。现在，变现已经不是唯一目的，因为其已经形成健康的现金流。如宋宣所说：“拿钱的目的是为了更大、更快地发展，构建勺子课堂的经营壁垒。”

“去年（2015 年）11 月，我们在国家会议中心办了第一场比较大的线下活动，当时效果我简直惊呆了。餐饮人太爱学习了！你知道吗？当时活动办到晚上 8 点，全场还是满的，但是我们（掌柜攻略）和酒店定的时间到了，当时场地方说不停止就断电，我们的人差点儿和酒店的人吵起来。”在一次接受采访时，宋宣说出了他开发勺子课堂的诱因。他从那次经历看出了线上教育的市场空间。

目前，勺子课堂线上显示的注册人数是 35 906 人，课程学时是 288 小时，独家讲师 109 人。也就是说，勺子课堂已经至少为 35 906 人提供了在线餐饮指导课程，付费用户在 2016 年年底就达到了 1 万余人，现在的付费人数可以想象。勺子课堂还举办了不少餐饮行业公开课，在业界算是小有影响。

勺子课堂能在餐饮教育行业脱颖而出，有其特有的原因。

行业定位准确。目前职业教育市场偏重 IT 行业，因为行业特点，它本身就与线上教育联系紧密，发展相对饱和。与其相比，其他行业的线上职业教育发展空间更大。勺子课堂选择开发餐饮行业的在线直播教育与掌柜攻略主营餐饮有关，但实际上也是看到了餐饮行业线上教育发展的巨大市场空间。简单来说，就是本身具有餐饮行业的优势，做这个的人又少，发展空间大。勺子课堂抓住了这个发展机遇。

目标群体恰当。勺子课堂的目标群体很明确：中小型的餐饮企业、商家。这个目标群体非常合适。因为中小型餐饮企业的领导者一般都需要坐班或全天待在店里，他们没有多余的时间和精力参加职业培训。勺子课堂的开设既能使这些人接受在线职业培训，又不用他们费时费力地到培训班去。这非常切合中小企业、商家的需求，自然会吸引不少人尝试。

收费标准合理。勺子课堂的线上课程收费价格从 99 ~ 1 099 元不等，随着课程上架时间的变化，还会对上架时间较久的课程减价，比如最初上架的一批原价 99 元的课程，后来优惠到了 14.9 元。线下培训的课程收费标准也基本在 2 000 元以下，这些价格都在中小餐饮企业、商家的可接受范围内。而且，这些费用很可能换来更大的利润，他们自然愿意尝试。

课程内容质量高。课程质量是勺子课堂成功的关键。一方面，勺子课堂的课程内容都非常有针对性，在课程安排、讲师讲解等方面都力求精细。一门课程适合于有哪些运营需求、规模多大、是否开分店、开多少家分店的餐饮业业主，勺子课堂都会非常明确。另一方面，有掌柜攻略的内容支持，又经常引入关于国内外餐饮行业发展趋势、餐饮与科技的融合等内容，内容比较鲜活和有深度。为了发展，勺子课堂不惜重金邀请优质讲师，这也是课程内容质量高的一个原因。

勺子课堂教育 + 直播 + 餐饮的新尝试，不但让我们看到了教育 + 直播的大好发展前景，而且看到了教育直播在不同职业教育方面的发展空间，这个发展空间有待创业公司去开拓。

第八章

电竞 + 直播：新的传播方式带来新的盈利模式

直播的兴起，电竞行业成功摘掉了传播渠道狭窄的“紧箍咒”。电竞 + 直播不仅让电竞与直播行业获益多多，还为其他行业提供了品牌推广的新舞台。

彼此成就的电竞直播

2016 年，全球约有 1.15 亿人每月至少观看一次电竞直播，这一数据是 2012 年的 2 倍，预计 2019 年这一数值将增加至 2.15 亿。面对规模庞大的观众，敏锐的商家已经觉察到未来的商机，一部分公司着手布局电竞相关行业。有实力的大公司开始自己举办电竞赛事，小公司则在电竞赛事上做广告，甚至传统媒体也相继介入这一盛事，纷纷制作电竞联赛，电竞行业一时间变得热闹非凡。

在国内，电竞行业的投资长期以来一直没有形成规模。除了与电脑外设相关的公司，几乎很少有人进入这个与主流价值观不相符合的尴尬领域。但是近年来，随着电竞行业的逐渐火爆，越来越多的商家纷纷将目光投向这一领域，寻找投资和合作的机会。

谈及电竞行业在中国兴盛的原因，就不得不提及其背后的重要推手——直播。

在过去很长一段时间里，中国电竞行业都因缺乏有效的传播渠道以及稳定的盈利模式，未能形成自身健全的产业链。另一方面，长期拘囿于俊男美女、唱歌跳舞等秀场模式的直播也亟待寻找全新的模式破局。在这样的情况下，电竞游戏和直播二者一拍即合：直播的出现极大地扩充了电竞游戏传播渠道这一重要环节，而电竞游戏也使直播形式更为丰富，为直播提供了更多变现的可能。

促使两者迅速结合的契机发生在2014年，亚马逊以9.7亿美元收购美国的一家游戏视频网站Twitch。消息传来，国内的投资者们敏锐地觉察到游戏直播网站巨大的商业价值。直播平台纷纷转型，大量加入电竞相关内容。而随着传播渠道的拓宽，电竞行业重新回到了人们的视线之中，精彩的赛事以及高额的奖金使电竞行业逐渐成为舆论的焦点，越来越高的关注度逐渐显现出电竞行业巨大的商业价值。直播成就了电竞行业，电竞行业也成就了直播。两个新锐行业的结合弥补了彼此的短板，发挥了彼此的优势，产生了近几年最火爆的商业模式——电竞直播。现在已经有越来越多的企业想要通过电竞直播走入日渐增多的电竞玩家群体。

目前为止，电竞直播的主要内容是各大电竞赛事，而在线直播是电竞赛事传播的主要方式。因此为了获得巨量曝光，企业纷纷投入赛事相关环节的赞助活动。在电竞玩家的眼里，现在的电竞赛事与以前相比已经不完全一样了。如果足够细心的话，我们会在职业战队的队服上、赛事解说台摆放的饮料上、各大赛事贴片广告甚至于电竞赛事的名称上找到赞助商的影子。

当前，电竞赛事中最主流的赞助商仍然集中在外设、直播平台等领域。显卡和显示器等硬件厂商是电竞行业最早的赞助商，他们营销的方式很简单，找到最优的战队和选手，为自己的产品做最好的宣传。直播平台赞助主要集中在战队上，比如斗鱼赞助 LGD（全称 LGD–GAMING，成立于 2009 年，是国内老牌职业电子竞技俱乐部，也是目前国内最资深的俱乐部之一）和 Celestial（炉石传说项目的电子竞技战队，战队创始人是小鱼鱼大仙人）、虎牙直播赞助 LCK（韩国赛区最高级的 LOL 比赛）战队。随着直播平台流量趋稳，平台的媒体属性凸显，它们已经不再依靠战队的名气为平台引流，而转为转播权的争夺。还有极少数赞助商来自于电竞行业衍生品，其中包括几大电竞椅品牌——傲风、迪瑞克斯、阿拉丁，它们赞助过许多职业俱乐部、赛事发布会、电竞庆典等活动。在各式电竞活动直播期间，穿着带有赞助商标识服饰的选手将会在强大的曝光量下，为企业的品牌宣传和产品销售发挥重要的作用。

业内人士普遍认为，电竞行业成熟的重要标志是，有越来越多的传统品牌愿意涉足这一领域，借助电竞直播获得更高的曝光量和销售额。事实上，已经有一些原本默默无名的企业因为赞助电竞行业而变得风光无限。

最著名的案例当属 LGD 战队，2009 年，当时名为 FTD 的他们与贵州老干爹食品公司达成合作，战队更名为 LGD。伴随着 LGD 在各大赛事中的出色表现，老干爹品牌也广泛传播（见图 8–1）。

图 8-1　LCD 战队为老干爹品牌宣传

老干爹品牌因为赞助电竞战队而名扬四海，如果没有在电竞行业的投资赞助，至今这个品牌还无法摆脱山寨品牌的质疑。

近年来一些大型电竞游戏已经开始与传统行业大品牌展开合作，这也从另一方面说明，电竞行业的商业价值得到了传统行业的广泛认可。以最火爆的《英雄联盟》（LOL）为例，LOL 已经建立起比较完善的联赛体制和俱乐部文化。游戏的活跃用户数量突破 1 亿，另外直播渠道众多，除了官方渠道，全网各大平台均有转播。因其在电竞行业和直播行业巨大的影响力，LOL 获得了国际快消品巨头的青睐。

2015 年，在 LOL 四周年庆典直播中，其宣布与肯德基深度合作，合作内容包括 LOL 主题套餐、欢聚英雄桶以及肯德基线下主题店等（见图 8-2）。一时间，吃主题套餐赠闪卡活动成为大量 LOL 玩家的日常话题。此次合作的效果也十分显著，100 万份闪卡在 10 天内售罄。该案例由此获得亚洲实效营销奖白金大奖，成为电竞行业与传统行业跨界营销最成功的案例之一。

图 8-2　LOL 与肯德基合作买套餐赠闪卡

此外，一些传统体育项目的赞助商，比如一直赞助 NBA 的雪碧也向 LOL 抛来了橄榄枝。

2016 年 5 月，LOL 宣布与雪碧深度合作，在其发布会的直播中，雪碧宣布不仅赞助包括 MSI（Mid-Season Invitational，季中邀请赛，每年赛季中期举办的国际顶级赛事）、

LPL（League of Legends Pro League，LOL 职业联赛，中国大陆最高级别的 LOL 职业比赛，是中国大陆赛区通往每年季中邀请赛和全球总决赛的唯一渠道）、LSPL（LOL Secondary Pro League，LOL 甲级联赛，是通往 LPL 的唯一渠道）、LOL 城际英雄争霸赛（LOL 官方举办的年度大型线下赛事）、LOL 高校联赛（LOL 官方主办的针对高校学子的校园专属赛事，覆盖 27 个省、超过 1 500 所高校的学生）在内的 LOL 系列电竞赛事，还投资推出主题包装、户外广告、电视广告、线下活动等，作为回报，雪碧可以制作 10 亿瓶 LOL 主题产品。

除了国际著名品牌，一些有先见之明的国内商家早已经开始在电竞行业的赞助商中崭露头角，其中最著名的当属同福碗粥。这家名不见经传的企业早在 2011 年就成立了同福电竞俱乐部，并招募了国内知名的 DOTA（Defense of the Ancients，守护古树，《魔兽争霸》官方认可的多人在线竞技模式）选手，成为目前国内知名的职业战队，曾在 2012 年 WCG（World Cyber Games，世界电子竞技大赛）获得 DOTA 世界总冠军。随着俱乐部知名度的提升，不论是 DOTA 游戏粉丝中逐渐流行的“同福一碗粥，人间有真情”，还是炉石玩家的“同福爆破”都持续地传递着同福碗粥企业品牌的影响力。

总而言之，电竞行业中充满了商机，已经有很多商家尝到了合作的甜头。有野心的商家应该勇于抓住机会，借助电竞直播扩大自身的影响力，获得良好的商业效益。电竞直播的到来为企业开启了低成本获客的新渠道。

如何掘金电竞直播

怎样通过电竞直播盈利？什么样的活动能够更直接接触到电竞玩家？企业应该从哪里入手开展直播营销的行动呢？下面，我们就一起来认识一下电竞直播营销的主要途径，包括赛事合作、俱乐部战队合作以及主播合作。

与赛事举办方直接合作

电竞赛事是电竞行业最核心的环节，是包括电竞直播在内的所有环节流量的主要来源。2015 年电竞赛事的市场规模达到 20.7 亿元，占整个产业市场的 1.2%。长期以来，由于举办电竞赛事投入多、收益少，电竞赛事未能获得较大规模的发展。举办一场赛事，资金支出包括奖金池、场地、转播设备、现场工作人员等，但是赛事收入并不理想。

著名的 WCA（世界电子竞技大赛）在 2014 年启动时，前期筹备时间超过两个月，宣传推广费占总成本的 1/3。赛事前 4 天就花费 7 000 万元。2015 年，WCA 设置的奖金池高达 1 亿元，占总成本的一半以上。受到当时电竞赛事传播渠道的限制，除了门票收入，商业赞助、赛事转播以及周边产品收入几乎为零。

随着传播渠道的健全，现在的电竞赛事在规模和数量上都有大幅度的改善。越来越多的企业开展了大量的第三方赛事，国内的电竞赛事逐渐形成完整的赛事体系。随着电竞赛事影响力不断扩大，赛事的付费意愿也不断提高，赛事众筹、赛事门票以及赛事周边的付费意愿在 2015 年提升了 89%，这预示着电竞赛事的商业价值还有巨大的挖掘空间。

2015 年以来，逐渐涌现出的企业主办的电竞赛事，因其门槛较低、平民化的特点使赛事的影响力迅速扩大，赛事的商业价值获得广泛认可。据业内人士预测，到 2020 年，电竞赛事的市场规模将达到 120 亿元，复合增长率为 42%。当前，已经有一些企业根据自身的行业影响力与相应规模的电竞赛事深度合作，以期借赛事直播的东风在未来电竞市场占有一席之地。

2016 年 5 月 21 日，乐视体育宣布冠名 WCA，并发布其电竞战略，通过产业化和商业化路径，布局电竞人才教育和电竞生态服务。乐视体育与电竞赛事的资源互补将会给双方提供更多深度合作的机会。

2017 年 1 月，招商银行独家冠名温州市首届电竞联赛总结赛。在活动现场，招商银行发行了温州电竞协会联名卡，为电竞玩家和协会会员带来特殊福利。

还有瑞虎 3x 冠名 NEST2016，瑞虎看重的是 NEST 是年轻人最喜爱的电竞赛事之一，电竞赛事的直观互动性、时尚潮流特性与瑞虎倡导的“玩车”概念不谋而合。通过合作，提升瑞虎在电竞玩家中的品牌影响力。

与俱乐部或战队直接合作

电竞俱乐部的数量从一个侧面反映出电竞行业的火爆程度。2010 年，国内只有 30 多家电竞俱乐部，当时的俱乐部运营对赞助商的依赖性很强，赞助商撤资可能导致整个俱乐部解散。到 2015 年大大小小的俱乐部已经 1 000 多家，其中几家顶级俱乐部每年烧钱上千万维持日常运营。大部分俱乐部的主要收入来源于赞助商以及赛事奖金，少量来源于官方店铺收入、直播收入、商业活动出场费。

虽然由于支出巨大，目前大多数俱乐部尚未盈利，但是随着电竞行业生存环境的好转，俱乐部的商业价值已经渐渐被认可。现在的俱乐部已经参照传统体育项目的做法形成了良好的投资方退出机制，解决了俱乐部长期依赖某个赞助商的问题，为俱乐部的发展提供了稳定的支持，使俱乐部实现专业化和职业化发展。现在越来越多的商家选择直接赞助俱乐部，比如前文提到的同福和老干爹等品牌，除此之外，许多传统体育公司也纷纷投身其中。

作为传统体育商业化最成功的项目之一，NBA 各球队的老板和球员纷纷建立自己的职业战队或者投资知名电竞俱乐部。例如，曾效力湖人队的前锋瑞克创建了自己的电竞俱乐部 EchoFox、波士顿凯尔特人队前锋乔纳斯买下了 Renegades 俱乐部、大鲨鱼奥尼尔投资了 NRG 俱乐部。

在国内，有很多早期赞助电竞俱乐部的品牌已经随着俱乐部的走红变成家喻户晓的大品牌。技嘉是较早与电竞战队合作的硬件厂商，他们开始赞助的就是职业化开展最早的 WE 战队，当时 WE 战队拥有全球知名的魔兽战神 SKY。现在的 WE 由于运营理念领先，已经成为商业化道路走得最好的战队，后来加入的 I–Rocks 和金士顿使 WE 的电竞道路越来越顺，赞助 WE 的厂商越来越多，而技嘉的商业营销策略也被人奉为圭臬（见图 8–3）。

图 8-3　WE 战队队服上越来越多的赞助商

企业赞助电竞俱乐部优先考虑的是战绩，因此一流俱乐部的赞助费水涨船高，曾经有媒体爆料，电竞俱乐部的冠名费已经高达千万元，商业推广活动费用高达百万元，并且由于顶级俱乐部的稀缺，这一情况短期内很难改变。

以上两种模式覆盖面广，效果较好，对于提升品牌形象有显著的作用，缺点就是预算高、时间周期长，适合资金比较雄厚的品牌。

与主播进行商务合作

作为电竞行业最主要的传播渠道，在线直播平台拥有得天独厚的优质资源——大量的电竞观众。在这些平台上，大部分流量都来自于大主播，因此赞助知名主播也是商家的重要选择，坐拥大批粉丝的主播日益成为商家争相合作的对象。

素有“电竞女主播第一人”之称的小苍曾是职业电竞选手，并组建战队，也做过战队的管理层，还曾经在电竞媒体从业，可以说是了解国内电竞行业最全面的女主持之一。作为著名的游戏主播和解说，她参加过包括 WCG、ESWC（Electronic Sport World Cup，电子竞技世界杯）在内的国内外大小赛事的直播，制作出《小苍出品》等解说节目 300 多部，总播放量超过 2 亿人次，为 LOL 在国内的推广做出了很大的贡献。熟练细腻的游戏操作以及优秀的现场解说为她吸引到百万以上的粉丝，小苍也因此成为很多玩家心中的女神。

小苍身上电竞明星的光环为她带来了巨大的商业机遇。2015 年小苍受邀代言《西游伏魔》，Cosplay 其中的铁扇公主，为游戏吸引了大量新玩家（见图 8–4）。

与此同时，小苍身上鲜明的“游戏女生”的标签吸引了著名 PC 品牌惠普，邀请其为新出品的 ENVY15 锐炬显卡游戏本

图 8-4　小苍 Cosplay 铁扇公主，代言《西游伏魔》

代言，并将此款游戏笔记本命名为“小苍本”，为惠普的市场宣传赚足了关注度。

同样具有超高人气主播的若风（前职业选手， WE 战队前成员）在退役之后做主播也风生水起，很快成为国内签约费最高的游戏主播。因其游戏操作风格瞬间爆炸和绰号“中路杀神”与游戏的“妖文化”完美融合，2015 年受邀成为新游戏《师父有妖气》的第 49 位“特妖代言人”。

在一些著名主播的直播间，如果足够细心，也会发现很多广告。这已经成为目前直播间比较常见的商业推广模式。这种模式的优点是成本和门槛低，容易实施，适合一般企业，缺点是粉丝覆盖面窄，营销效果不如前两种方式明显。

此外，由于游戏直播内容的多样性，企业还可以通过赞助一系列发布会，或者赞助电竞行业日常生活直播节目以及年度的游戏嘉年华活动直播进行产品的销售和品牌建设。无论哪种形式，本质上都是企业实现电竞玩家的转化，从而产生巨大的商业价值。需要注意的是，不同的企业需要根据预算和产品特色选择合适的途径开展业务。

电竞直播路上的那些坑

电竞直播按内容可分为赛事直播、电竞衍生内容直播，电竞衍生内容又包括电竞选手专访、电竞颁奖礼、电竞游戏发布会、电竞游戏教学视频等电竞相关内容。因直播平台类似传统媒体的天然属性，企业通过电竞直播能够更加直接地展示产品和服务，更直接地参与流量变现、传播品牌价值、塑造企业正面形象。所以电竞直播逐渐成为最受商家欢迎的一种营销模式。

但是需要注意的是，由于电竞行业尚未有效地积累起直播营销的经验以及形成完整的营销方案。根据目前累计的营销案例来看，导致电竞 + 直播失败的原因主要集中于以下几个方面：直播平台选择不当、直播营销目的不清以及目标用户不匹配。

直播平台选择不当

现在网络直播平台五花八门，各个平台的定位也不尽相同。比如斗鱼、虎牙直播主要是游戏竞技直播，花椒直播、美拍直播主要是美女娱乐直播。这不是说花椒直播和美拍直播没有游戏直播，只是它的大部分流量在娱乐领域。因此，要吸引电竞行业的粉丝首选平台是斗鱼、虎牙直播等（见图 8–5）。

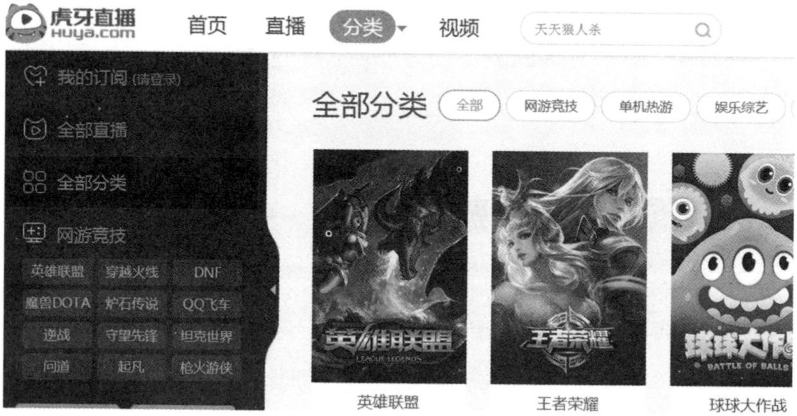

图 8–5　虎牙直播首页

另外直播平台的名气也是需要考虑的因素，知名大平台具备较全面的直播行业经验，对直播内容的把控更严格，直播的展现形式更丰富和健康，营销费用自然比较高昂。一些刚起步的小平台，营销费用可能比较低廉，但是迫于生存压力，对直播内容把控不严，经常出现“打擦边球”的现象，因此并不适合对品牌形象要求特别高的商家。

直播营销目的不清

一般来讲，直播营销的目的有二：卖产品以及打造品牌，且二者同时进行。如果只是卖产品，只需要直播期间在界面插入购买链接，无论是游戏直播还是赛事直播都可以直接获得收益；如果要做品牌营销，一般的方法是与主播协商确定贴片广告和口播广告的价格，在游戏直播期间直接进行。另外一个有效的办法是赞助电竞赛事，以便获得较高的曝光度和传播度。因为大型赛事往往有长期的预热宣传期，这期间，品牌商将自身想要传达的信息和价值观与电竞赛事有机结合，获得观众对品牌价值的认可。

但是需要注意的是，品牌营销是一个长期的过程。企业不可能只因为几次活动就建立起牢固的品牌形象。因此有志于电竞直播营销的企业要深挖自身品牌与电竞之间的相关性，并在推广中强化这种关系，才会使观众逐步接受其品牌形象。电竞直播期间卖产品和卖品牌是同时进行的。这就要求策划人员在直播内容上精心编排，避免受众只记住产品而忘记品牌，或者只记住品牌而忘记产品。

目标用户不匹配

在进行营销策划之前，要充分了解电竞直播的受众与品牌的目标用户是否匹配。据调查，电竞游戏的受众大都为 17 ~ 35 岁之间的男性，IT 行业居多，消费能力不高。因此本身单价较高的商品或者高端商业服务类商品并不适合这个群体，例如房产项目、高端金融服务。

2016 年第六届 DOTA2 国际邀请赛（Ti6）期间，国内知名啤酒品牌哈尔滨啤酒宣布赞助电竞战队 LGD 出征，并通过斗鱼为粉丝带来战队出征和西雅图赛场的一切资讯。之所以做出这个决定，是因为哈尔滨啤酒高层管理人员认为：哈尔滨啤酒的目标客户定位是 18 岁以上的年轻人，这也是电竞群体的群体特征（见图 8–6）。

自 7 月 28 日宣布赞助开始，“一起哈啤”就成为各大游戏论坛和电竞圈的流行语，也成为直播平台的刷屏常用语。哈尔

图 8-6　LGD 战队获得哈尔滨啤酒赞助宣传图

滨啤酒在赛事前期的宣传热点是首次进入电竞领域，也是首个进入电竞领域的啤酒品牌，由于哈尔滨啤酒长期赞助传统体育赛事，如世界杯、NBA，这让哈尔滨啤酒的品牌形象具有体育竞技精神和分享精神，而这一形象与Ti6观赛玩家心理完美契合，因此哈尔滨啤酒与众多电竞粉丝形成良好的融合互动，其著名的“一起哈啤”广告语也随着 Ti6 赛事的进行在电竞粉丝中广泛传播。

赛事期间，国内外众多的 DOTA2 玩家、声势浩大的电竞直播活动以及在国内拥有众多粉丝的 LGD 战队使哈尔滨啤酒在那年夏天惊艳亮相国际舞台。根据赛后的网络调查，约 97.58% 的被调查者认为哈尔滨啤酒的赞助很成功，百度指数中与哈尔滨啤酒相关的“哈啤”“一起哈啤”等关键词创造了 5 年来的最高搜索量，“哈尔滨啤酒”也再次接近其历史峰值，营销效果十分突出。经过这次活动，哈尔滨啤酒在电竞玩家中的品牌认可度明显上升，玩家对哈尔滨啤酒的品牌传播产生了巨大的推动作用。

综上所述，电竞直播这种新型传播模式的出现为企业进行营销推广打开了新的大门，但是由于电竞直播内容的局限性，对于通过这种形式推广的企业有一定的要求。企业营销人员需要根据自身品牌定位以及产品特色，选择合适的直播平台，制订完善的营销计划，激发粉丝的直播互动性，才能获得预期的效果。

根据企业需求选择平台

现在国内的直播平台超过 200 家，游戏直播已经成为大部分平台的主流内容。电竞赛事有巨大的引流作用，且某些电竞赛事只在授权平台直播，因此直播平台对赛事转播权的争夺日渐激烈。但是通常情况下，常规电竞赛事在几大直播平台都可以看到，电竞玩家经常光顾的游戏直播平台包括斗鱼、虎牙直播、欢朋直播等，商家可以通过自身产品或服务的特点选择合适的平台推广。

斗鱼

斗鱼是国内最早布局电竞直播的平台。早在 2014 年，斗鱼就开展了电竞直播业务，大量的草根电竞玩家在斗鱼开启直播生涯。除此之外，斗鱼曾经参与直播了大部分知名电竞赛事，捧红了一大批电竞主播。

斗鱼还冠名国内著名电竞俱乐部 PE 等成立 AcFun 电竞俱乐部，直接参与国内外赛事。经过多年的发展和沉淀，斗鱼已经成为国内首屈一指的电竞直播平台。2016 年，斗鱼在 5 个月内连续获得 B 轮融资 1 亿美元和 C 轮融资 15 亿美元，合计融资金额超过 20 亿美元。根据市场数据，斗鱼在众多游戏直播平台中以 30.9% 的总访问率位列第一，超过第二名 8 个百分点，在游戏直播平台用户占有量上稳居第一，在游戏直播领域敏锐的商业嗅觉以及出色的执行力是斗鱼获得资本青睐的重要原因。

斗鱼游戏直播定位为“全民游戏直播平台”，重视每位主播提供的原创内容，通过大量草根主播的精彩内容带动人气，同时也培育出活跃在各个平台的大批明星主播。斗鱼的特色就是游戏直播，因此几乎所有游戏在平台上都能找到直播内容（见图 8–7）。

除了平台赛事外，斗鱼自身也举办了大量的电竞比赛，亲自参与电竞项目的策划和执行，增强电竞粉丝对平台的依赖性。另外由于日流量巨大，斗鱼已经拥有多条直播线路，可以提供

图 8–7　斗鱼直播平台截图

海量弹幕模式，为观众提供良好的观看体验。

在斗鱼做直播营销的企业不用太担心人气问题，但是需要精心的策划与电竞相关的内容才能取得成功。

虎牙直播

虎牙直播的前身是 YY LIVE，这是国内最早运用直播技术的平台。虎牙直播继承了 YY LIVE 的娱乐基因，使游戏直播与娱乐直播密切融合，相得益彰。基于 YY LIVE 前期的市场积累，虎牙直播已经拥有大量的草根主播，受秀场模式的影响，虎牙直播的特色是主播与粉丝之间的互动模式，虎牙直播的互动模式是几大平台里面最出众的。

2015 年转型游戏直播之后，虎牙直播大手笔签约著名电竞主持 MISS（见图 8–8），吸引大批电竞粉丝入驻虎牙直播，并赞助《守望先锋》泛亚太国际邀请赛（APAC）等大型电竞赛事。

虽然在 2014 年游戏直播平台爆发的时候，YY LIVE 没能迎头赶上，让斗鱼占了先机，但是 YY LIVE 在直播领域庞大的用户基数还在，虎牙直播的战略就是吸引更多的游戏用户或者转化现有的娱乐直播用户，探索属于虎牙的游戏直播之路。在虎牙直播做营销，营销人员策划的内容需要带有娱乐色彩，才能在虎牙这样的平台一炮打响。

欢朋直播

提到欢朋直播，很多人可能会感觉比较陌生，但是对其前

图 8-8　著名电竞主持 MISS 入驻虎牙直播宣传图

身——六间房，相信大家一定都有所耳闻。欢朋直播是由六间房官方打造的一款手游直播平台，于 2016 年正式上线。虽然欢朋直播起步较晚，但是六间房在游戏直播领域积累的经验不容小觑。早在 2010 年上海 ChinaJoy 游戏展会期间，六间房便同时为金山、光宇、蓝港在线以及盛大等多家知名游戏厂商提供直播服务。其中光宇游戏展台全天 6 小时直播，同时在线观看人数破 5 万，日观看人数高达 20 万以上，其他几个品牌的直播效果同样十分显著。

还有专注于腾讯游戏的龙珠直播，专注于娱乐明星 + 电竞游戏的熊猫直播等各具特色的直播平台，需要企业根据自身状况和营销目的有针对性地选择。

除了与直播平台深度合作，企业还可以通过与电竞行业的众多环节（如电竞选手、电竞俱乐部、电竞赛事）深度合作，开拓新的推广渠道。在众多环节之中，又以电竞赛事的曝光率最高，与电竞直播结合最紧密，传播效果也最好，因此对于想要扩大电竞圈知名度的企业，赞助电竞赛事是一个不错的选择。

电竞 + 直播是企业走近电竞粉丝的极佳途径。一直以来，电竞赛事都是各大媒体和直播平台关注的舆论热点，年年上涨的赛事奖金以及精彩绝伦的冠军之战都是吸引粉丝的利器。近年来随着直播平台的兴起，电竞赛事的传播更是如虎添翼。因此赞助电竞赛事和直播平台能让企业直接进入电竞行业的舞台中心，能帮助电竞公司迅速赢得大量新用户。

优质内容是王道

简单来说，电竞直播就是一种以电竞游戏及其相关内容为主的直播形式，因此，电竞直播营销需要紧密围绕电竞游戏群体特征进行营销内容的设计和策划。作为营销人员要清楚，直播期间，不仅是在卖产品，还有品牌曝光、观众与品牌的互动，甚至观众之间的交流。

直播的直观互动性决定了观众在直播期间会提出各种各样的问题，作为营销者，不能只考虑要传达给粉丝的内容，还要充分准备观众可能提出的问题，用直观易懂的方式展现给观众。比如在直播期间，介绍了一款电竞椅，椅子的承重性能只靠单纯的描述难以清晰表达，但是通过观众的反馈，商家可以让体验人员做出各种动作验证这一特征，可以多坐几个人，也可以让体验者站上去展示，等等，还可以按照观众提供的方法验证，进一步消除观众关于承重性能的疑惑。这种直观的方式可以直接加深观众对电竞椅特征的了解程度，从而将产品特性以及品牌形象直接建立起来。

一场成功的直播营销，毫无疑问，最核心的就是直播内容。通常来讲，一次成功的营销活动，其直播内容包括三个方面：专业生产内容（PGC）、品牌生产内容（BGC）以及用户生产内容（UGC）。

专业生产内容。专业生产内容是指由专业团队策划并实施的有针对性的直播内容。现在大部分企业所做的直播营销都属于专业生产内容的范畴，这也是目前效果最明显的一种。因为有专业的策划，这类内容自出现就具备话题性，能吸引流量。

电竞圈最典型的案例就是“LOL4 周年庆典龙珠直播”。在这场直播中，既有明星竞技表演赛——周杰伦与王思聪竞技，也有专业电竞赛事直播——S5 中国赛区选拔赛，还有娱乐性质的 Cosplay 颁奖盛典。LOL 官方聘请专业人员展开这场活动，从前期宣传造势到现场执行把控，保证了整个活动的预期效果。

目前大量的专业生产内容已经成为营销效果的重要保障，为企业贡献了大部分的曝光量和销售额，但缺点是预算高昂，如果操作不当，将会得不偿失，甚至赔本赚吆喝。

品牌生产内容。品牌生产内容指的是专门为企业品牌形象而策划的直播内容，以便企业的品牌形象在纷繁复杂的直播内容中深入人心。成功的品牌生产内容会展现品牌的文化、内涵以及价值观。比如提到雪碧，人们就会联想到年轻、清新、健康，这就是雪碧通过品牌生产内容传递给观众的品牌形象。目前企业在电竞直播领域做品牌生产内容的很少。大部分包含在专业生产内容中，比如在赛事期间加入主播的口播或者直播前后的贴片广告。

用户生产内容。用户生产内容即用户自制的内容，一般是指那些产生于营销方案实施之后，成功触发用户参与性而产生的内容。主要表现为企业营销借助内容引发平台用户的共鸣，从而激发粉丝自主传播。

如前文提到的“一起哈啤”就是一个经典的案例。“一起哈啤”将品牌巧妙地结合在短小的口号里，由于它的谐音“一起 happy”契合了电竞赛事观众之间分享快乐与喜悦的心理，因此在 Ti6 期间获得广泛的传播，为品牌增加了曝光率（见图 8–9）。

需要注意的是，一场成功的直播营销活动一定是三者互相融合、互相渗透、互相影响，发挥最大的传播效应。在此三种内容的基础上，我们可以总结出一场成功的直播活动的基本特征。

一是提升影响力。电竞直播是年轻群体聚集的节目，因此做营销应做出热闹的氛围，充分利用互联网的传播优势，摇旗

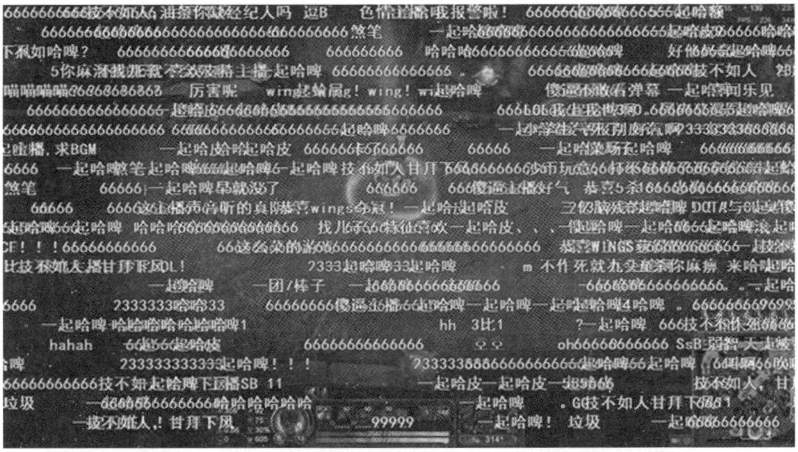

图 8-9　Ti6 期间，赛事直播被“一起哈啤”刷屏

造势。例如，举办转发送皮肤、抽奖送道具等活动，充分调动电竞粉丝的积极性。另外，还要有线上线下的联动，将直播与营销体系联系起来，制造舆论热点。

二是在粉丝心里树立良好的品牌形象，为企业增加新的优质用户，为企业下一步营销计划做好铺垫。

三是借助直播内容与粉丝在情感上产生某种共鸣，让粉丝产生互动传播的动力。一场真正成功的直播会在短时间内产生巨大的商业价值，使消费者直接产生购买行为，一场直播做得好，进来的流量对的话，可能产生上百万元的销售额，这个是企业最愿意看到的事情。

长期以来，与粉丝互动一直是品牌营销的重点环节，因为营销过程中与粉丝互动产生的影响力是最大的。直播模式下这种互动变得更加直接和有效，因为视频内容是真实的，会让粉丝产生亲近的感觉，而互动这种行为本身可以直接让粉丝感受到它对品牌施加的影响以及品牌的应对，互动行为的直观性会使粉丝与品牌之间更快速地建立信任。互动做得好，粉丝会在瞬间产生购买行为，使企业获得直接收益。而要做到一点，优质的内容生产必不可少。

案例　《英雄联盟》：赛事直播，助推游戏之王

《英雄联盟》（LOL）是一款火爆全球的网络游戏。根据官方数据，现在的 LOL 全球活跃玩家约 1 亿人，所构建的产业链价值超过百亿美元。LOL 的开发者美国拳头公司被誉为游戏界的标杆，是众多企业争相效仿的对象。

LOL 的成功与其初期确立的游戏玩法有一定关系，拳头公司对游戏的不断完善给玩家持续的新鲜感，成功地吸引到第一批粉丝。但是说到 LOL 在中国的成功，就不得不提及其一年一次的周年庆典和职业联赛直播活动。2012 年以来，LOL 每年的周年庆典直播都会成为舆论热点，为游戏吸引到新的粉丝。年复一年的庆典和赛事直播活动将 LOL 的人气一次又一次地推高，奠定了它成为全球第一爆款游戏的基础。下面以 2015 年 LOL 四周年庆典直播为例，简要阐述这款游戏的直播营销战法。

LOL 四周年线下狂欢庆典于 2015 年 9 月 4 ~ 5 日在深圳湾体育中心举行。

在赛事开始前的 6 月 20 日，LOL 高层在新闻发布会上宣布将邀请周杰伦担任代言人，创作 LOL 主题曲，并将出席在深圳举办的 LOL 四周年线下庆典活动，现场试玩电竞游戏。通过强

大的用户网络推送消息，大量粉丝已经提前知晓活动的内容：直播呈现 S5（第五赛季）全球总决赛中国赛区的选拔赛，决出 LOL 的中国代表队；周杰伦与王思聪竞技表演赛以及 Cosplay 颁奖礼等活动。另外凡是现场购票的用户均可随票获得赠品皮肤，这项优惠活动深得电竞玩家喜爱，因此实现了广泛传播。

为了体现“全民狂欢”的主题，对于不能到场的玩家，LOL 官网开展了多种互动活动。比如在 8 月 20 日至 9 月 3 日期间，通过玩游戏获得的狂欢积分可以全服累计开启多重奖励，积分越高，随机发放的奖励越多，这个类似于积分众筹的项目使玩家产生了强烈的参与感。

由于前期长时间有节奏的预热、名人效应以及积分皮肤奖励，LOL 在狂欢期间的人均在线时长和活跃度均创下了新的纪录。

活动期间，“英雄联盟”关键词的百度指数达到半年内的最高值，是其他热门游戏同期峰值的几倍，盛典直播对游戏传播的影响力可见一斑。

纵观整个直播过程，虽然内容繁多，但是进行得有条不紊。在直播过程中，通过专业团队的精心编排，圆满完成了预告中的 S5 中国战队选拔赛、Cosplay 颁奖礼、明星召唤师表演赛、嘉宾访谈、英雄心愿和现场抽奖等诸多活动。全程亮点不断，为游戏品牌推广以及赞助商红牛和雷蛇均带来了可观的流量和销售转化。

这场直播营销活动有五大亮点。

开场秀。开场秀的情景再现了游戏玩家的日常，即玩家沉浸游戏的情景，直接拉近了与玩家的距离，其间穿插讲述了LOL在中国的发展历程。与线下活动“我的LOL”和“我的四周年故事”相呼应，通过引导，激发玩家之间的交流欲，为LOL成为一代人共同的记忆创造出很多话题。由于游戏中代入了粉丝自身的情感，因此可以让玩家在游戏群体中找到归属感。

S5全球总决赛的中国区决赛。这也是本次庆典的重头戏，即通过售票环节绑定20级以上的玩家，并吸引这些核心玩家到现场观看选拔赛，为10月进行的LOL全球总决赛提前预热。

明星竞技表演赛。周杰伦与王思聪都是年轻人中具有较大影响力的明星，两人的粉丝群体与游戏的玩家重合度高。此次跨界合作吸引非电竞玩家的粉丝参与活动，为LOL带注入新鲜的血液。

兑现心愿。线上线下联动项目，通过这个活动收集到上万玩家的心愿，随机抽取20个当场兑现。这个活动极大地提高了粉丝参与的积极性，扩大了品牌知名度和美誉度。

Cosplay颁奖典礼（见图8-10）。LOL Cosplay大赛自举办以来，已经成为年轻人中流行的时尚活动。游戏与娱乐的完美结合，使Cosplay逐渐成为LOL的文化标志。

LOL周年庆典直播以及LPL赛事直播活动，是LOL游戏能成为爆款游戏的重要一环。正是通过前期精心策划，现场完美呈现，制造出具有轰动效应的社会热点，才使LOL长期具有较高的曝光率，为游戏厂商和赞助商带来直接的商业效益。

图 8-10　LOL 四周年现场 Cosplay 表演

作为最年轻的体育项目，电子竞技要走的路还很长，电竞直播作为电竞行业最重要的推手，其发展离不开大量资金的参与。现在电竞直播正处于起飞的风口，每个与时俱进的企业都不会对这样的机会视而不见。无论时代如何变迁，商业领域的铁律就是“关注点在哪里，金矿就在哪里”。因此，如何合理利用电竞直播营销，帮助企业实现精准、直接、低成本地获客，是值得当下许多企业思考的事。